ちくま文庫

幕末単身赴任

下級武士の食日記 増補版

青木直己

筑摩書房

はじめに

「鮨《すし》は江戸に限る。しかも安い！」(『江戸自慢』)

幕末の江戸を生きたある医師は、このような言葉を残しています。当時の江戸では、鮨は元より天ぷらやうなぎの蒲焼をはじめとして、美味しいものをいたる所で手軽に食べることが出来ました。

この幕末という時代は、二百六十年かけて育《はぐく》まれてきた江戸の食文化が豊かな実りを見せる一方、新しい時代への変化も見られます。例えば牛鍋は明治の文明開化を代表する食べ物ですが、豚をはじめ肉食は、幕末にはすでに武士や庶民の間で相当広まっていたのです。

本書では、幕末江戸の人々がどのような料理を作り、またどのように外食を楽しんでいたのかをご紹介いたします。その狂言回しとして、一人の下級武士に登場してもらいました。その人の名は酒井《さかい》伴四郎《ばんしろう》、紀州和歌山藩の下級武士です。

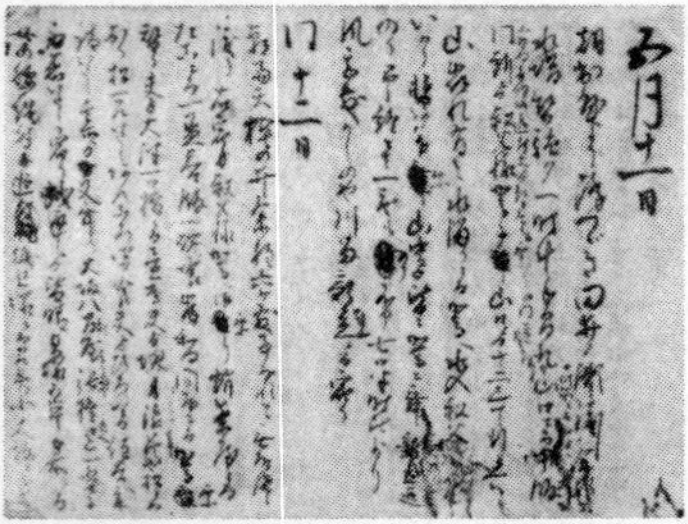

几帳面に細かい字で書かれた伴四郎の日記。酒井伴四郎『萬延元年 江戸江発足日記帳』原本（東京都江戸東京博物館所蔵）

彼は、桜田門外の変で大老井伊直弼が暗殺された約三か月後、江戸藩邸勤務を命ぜられています。何かと騒がしい世相の江戸に、家族を和歌山に残しての単身赴任でした。伴四郎はマメな性格で、日々の出来事を事細かに日記に記しています。そこには、はじめての江戸生活の驚きが素直につづられ、仕事や藩士同士の付き合いなど、彼の日常生活が生き生きと描かれています。また、日々の食事や江戸の名物、そばや鍋物などの外食についても、かなり細かく書かれているのです（上図）。

彼ら江戸勤番の下級武士の食事は自炊、いかに安く美味しい料理を作るかという工夫が凝らされています。彼らの食生活は、当時の江戸の人々と、さほど変わりはないようで、伴四郎の食生活を通して、幕末江戸の庶民の食生活も見えてきます。

食生活だけでなく、勤番武士達の楽しみについても、なるべく触れるようにしました。例えば湯屋の二階で、仲間や湯屋の主人たちと深夜までくり広げられた宴会。また、横浜への小旅行では、さながら異国といった風情を楽しんでいます。そして、浅草や愛宕山など名所見物にも精を出しています。異人見物などは、いかにも幕末らしい話です。しかし、伴四郎の日記からは、当時の政治状況に対する彼の意見はあまり見えてきません。伴四郎なりに感慨や思いはあったのでしょうが、なにやら難しい政治向きのことは、どこ吹く風というようにも見受けられます。
では、伴四郎と一緒に、幕末の江戸を味わっていただきたいと思います。

【文庫版によせて】

NHK出版の生活人新書から『幕末単身赴任 下級武士の食日記』(旧版と略記)を上梓してから十一年ほどが過ぎました。この間、私の日常も大きく変わりました。今は落ち着いてはいますが病気になったこと、そして停年を迎えたことです。そして現在、会社員生活とは全く異なる日々を送っています。大学やカルチャーセンターでの講義や講演、執筆、そして月に五日間ほど旧職場にお手伝いに行っている他は、都内の図書館やアーカイブズに通って文献や史料を見にいっています。まるで二十代後半の大学院生のような生活です。確認はしていませんが、「主夫」を期待していたであろう妻には申し訳なく思います。ただ、もう少し院生生活を送らせてもらいたいと思います。

また、伴四郎を取り囲む環境も大きく変わりました。旧版執筆の折には、林英夫氏が翻刻された万延元年五月十一日から同年十一月晦日に至る約七か月の日記を使用しました。その他の史料はすでに失われており、その部分は島村妙子氏の論文を手がかりにしました。ですので買い物の値段は、日記の日付に続いて記されたという『江戸詰小遣帳』のデータを島村論文から引用させていただきました。

二〇一〇年三月、日記を所蔵する江戸東京博物館から『酒井伴四郎日記――影印と翻刻』が刊行されました。解説と関連論文も掲載されており、なにより助かるのは影印（写真版）があることでした。これによって旧版が拠り所とした翻刻の誤植による間違いを訂正することが出来ました。

もっとも大きな出来事は、小野田一幸氏・髙久智広氏『紀州藩士酒井伴四郎関係文書』（二〇一四年、清文堂出版、『関係文書』と略記）が刊行されたことです。これには未知の伴四郎の日記や小遣帳などが翻刻されています。これによって伴四郎が万延元年に江戸で買った品物の値段を知ることが出来ました。ただ、購入した品物の回数や値段は、島村氏の論文を参考にした旧版をそのままにしました。

『関係文書』では、伴四郎の二度目の江戸暮らし、第二次長州戦争への従軍、新政権樹立直後の京都への出張に関する史料も含まれています。不十分ではありますが今回の新版に反映させていただきました。また、小野田一幸氏の詳細を究めた解説（という より論考）「下級藩士の歩んだ幕末」（「解説」と略記）は、改めて伴四郎を理解する上で大きな力となりました。

本書は旧版の間違いを訂正し、新たに書き加えた部分も少なからずあります。

なお日記の文章は読み易いように手を加えています。

目次

幕末単身赴任　下級武士の食日記　増補版

第一章

江戸への旅立ち

江戸と勤番侍

六月十四日（万延元年・一八六〇）

（略）麴町辺へ祭礼を見物に行、其賑ひ和歌山御祭礼より三倍増の賑にて、誠に驚目ばかり也

六月十七日（同年・以下同）

（略）愛宕山へ参詣いたし、世間を見渡し江戸三歩（分）一はここより見ゆる、其広さは中々詞《ことば》にも筆にも尽しがたく候、それより増上寺へ参詣いたし、其寺内の広さ寺の内とは思われず候

紀州和歌山藩士酒井伴四郎が、江戸へ単身赴任中に書き記した日記の一節です。伴四郎の出府の事情や生活はおいおい紹介いたしますが、二十八歳の彼にとってはじめての江戸暮らしは珍しいことばかりでした。そうした驚きをしばしば日記にとどめているのです。藩邸近くの麴町で行われた夏祭りのにぎわいを、故郷和歌山の祭りに比

べて三倍のにぎやかさと記しています。また愛宕山からながめた江戸の広大さは、文章にすることは出来ないと驚きを素直に表し、増上寺の寺域はとても寺とは思えないほどの広さだというのです。

和歌山藩といえば将軍家に次ぐ徳川御三家のひとつで五十五万五千石の大大名、その城下町和歌山も当時としては大きな都市ですが、さすがに江戸にはかなわないようです。江戸は世界的にも同時代最大規模の都市でした。享保六年（一七二一）には約百十万の人口を抱え、ほぼ同時代のロンドン七十万人、パリ五十万人、北京の七十万人と比べても江戸の人口の多さが際だちます。また江戸の範囲は、現在の東京都二十三区よりもずっと狭かったので、人口密度も比べものになりません。こうした江戸への人口集中と人口密度の高さに、伴四郎のような江戸詰めの武士達が一役買っていました。

江戸は徳川家康以来、幕府の所在地として政治の中心でしたが、首都というだけでは人口百万を超える都市にはなりません。

幕府は直属の家臣達を江戸に住まわせました。十八世紀はじめには、将軍に御目見得できる旗本は約五千二百人、出来ない御家人が約一万七千人になり、これに家来の数を合わせると、俗に言う「旗本八万騎」になります。でもまだまだ足りません。

そこで登場するのが、伴四郎のような大名の家臣達です。幕府は大名の力をおさえ、全国を統一的に支配出来るよう、参勤交代という制度を作り出しました。大名は江戸と領地の間を隔年あるいは半年ごとに行き来し、妻子を江戸に住まわせることになったのです。

大名は江戸と領地の二重生活を余儀なくされました。江戸に赴く時には、多くの家臣を伴い、領地に帰っている時も江戸藩邸にはある程度の家臣が残っています。大名の数は江戸時代を通じて増減がありますが、大体二百七十家ほどでした。江戸には旗本、御家人など幕臣の他に大名の家臣なども多く住み、五十二万人を超える武家人口となりました。

江戸の武士は、見方をかえるとただ消費するだけの存在です。彼らが必要とする刀や槍などの武具はもちろん、衣類や調度品から日常の食料品にいたるまで、武士の生活を支える商人や職人の存在が不可欠でした。全国各地から多くの商人や職人達が江戸に集まり、武士のために商売をしていましたので、同時にその商人達の日常生活を支える人々も江戸に集まってきました。結果、武士に町人や職人あるいは僧侶などを合わせると百万人を超える人口になったのです。

また武家が占有する土地は江戸全体の六十四パーセント、寺や神社の敷地も十五パーセントを超えています。一方、人口の約半分を占めた商人や職人達が住んだ土地は二十一パーセントに過ぎません。これでは人口密度も高くなるはずです。

食のクロスロード

江戸は食の十字路と言えます。北は蝦夷地の松前藩や陸奥の弘前藩、南は九州薩摩藩まで、全国各地から勤番の侍が集まり、商人も伊勢や松坂など、全国各地から利を求めて江戸にやってきます。彼らには故郷で培った味覚や、故郷の食べ物に対する郷愁もあったでしょう。江戸は多種多様な味覚が出会い混じり合う町だったのです。その食材を供給する場所として、青物市や魚市が開設されました。多くの食材が必要です。その食材を供給する場所として、青物市や魚市が開設されました。江戸時代のはじめ、青物市はまず神田に作られています。井原西鶴は『世間胸算用』（一六九二年）のなかで神田青物市場のにぎわいについて、「毎日大根が馬に乗せられ運ばれる様子は、まるで畑そのものが歩くようだ」と記しています。その後、江戸の発展とともに本所や千住などにも青物市が設けられました。魚は有名な日本橋魚市（魚河岸）によってまかなわれていました。

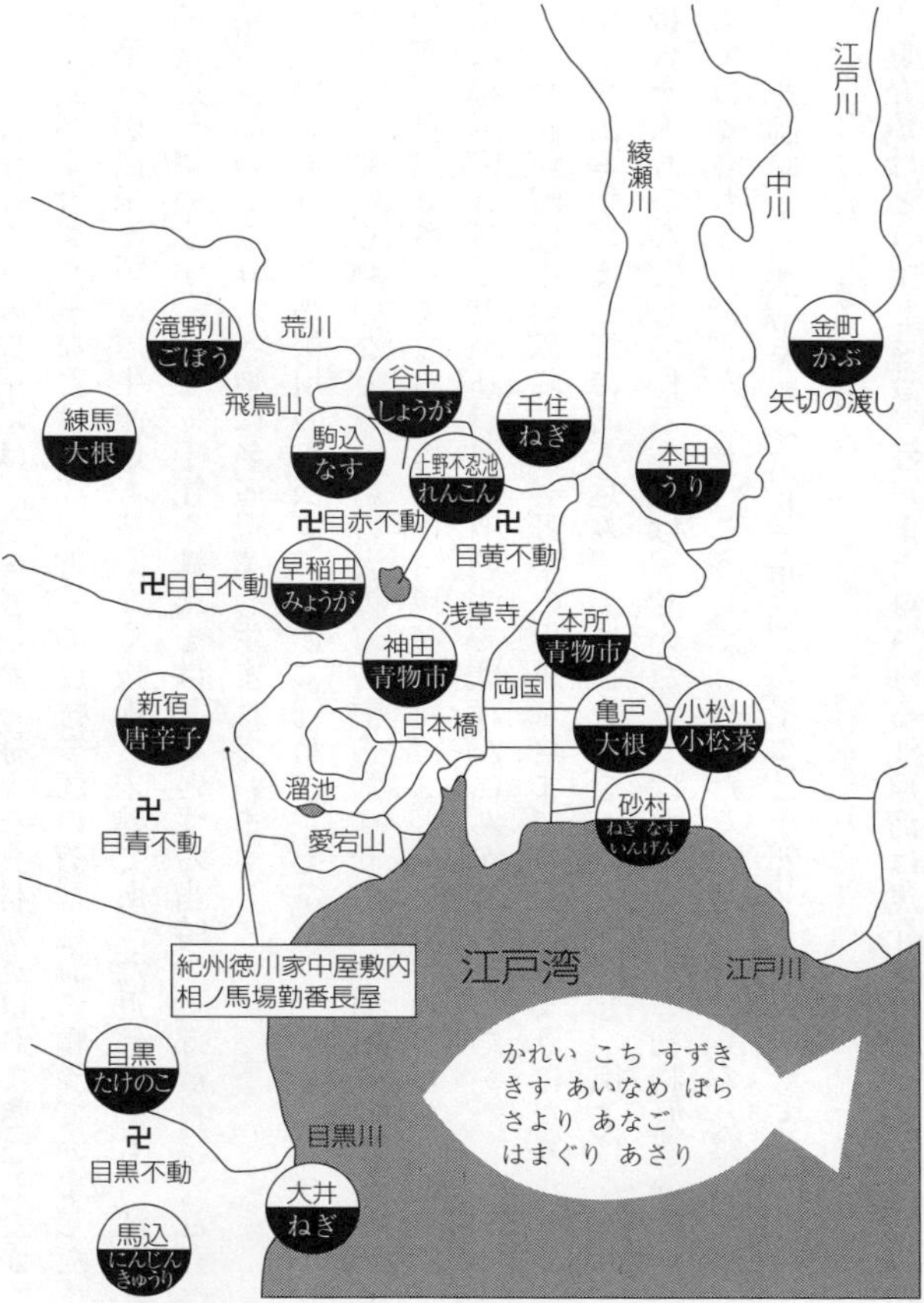

江戸近郊の主な野菜供給地と江戸湾の魚介。

江戸に住む人々の食卓には、全国各地から様々な食材が運ばれてきましたが、日常的に食べる野菜や魚などは、江戸近郊の農村や江戸湾、近海に頼っていました。

幕府が出来た頃は、生産量も多くなく技術も未熟であった近郊農業も、江戸とともに発達しています。そして千住や練馬をはじめとする当時の近郊農村は、江戸への野菜の供給地となり、各地に名産野菜も生まれています。

一例をあげると小松川の小松菜、千住にはねぎ、えんどう、京菜、みつば、しそ、せり・春菊にくわいなど、練馬の大根、谷中のしょうが、早稲田のみょうが、大井のねぎ、目黒はさんまならぬ竹の子、現在の新宿は唐辛子が名産でした。府中のまくわ瓜は将軍家も召し上がり、上野不忍池ではれんこんがとれました。

また江戸時代中頃以降には、野菜の促成栽培まで行われるようになりました。魚河岸から出る生ゴミを畑に踏み込み、上に菰《こも》などをかけて保温し、風よけを作り、時には火を入れるなどして作る作物は、ぜいたくではありますが、初物好きの江戸っ子にもてはやされました。ただし、こうした「ぜいたく」が高じてくると幕府では、促成栽培を制限する法令を度々出して規制するようになりましたが、それでもなかなか「ぜいたく」は止まりません。

魚介類はどうでしょう。江戸前と称される江戸湾は魚介類の宝庫でした。金杉、品

今も昔も、魚市の活気は変わらない。日本橋の魚市。『江戸名所図会』（部分、『新訂 江戸名所図会1』ちくま学芸文庫）

川をはじめ百近い漁村では、かれい、こち、すずき、きす、あいなめ、ぼら、さよりやはまぐり、あさりなどをとって魚市に送り、その種類は百三十種にも及んでいます。江戸前の鮨は、豊富な漁獲量を誇る江戸湾あってのものだったのです。ちなみに明治時代、東京湾の漁場における単位面積あたりの漁獲高は日本一だったということなので、江戸時代もおして知るべしです。

江戸湾の外海は、黒潮と親潮がぶつかる所で、多くの魚がやってきました。例えば初夏になれば黒潮にのってかつおが、秋にはさんまが南下してきます。ともに季節を彩る江戸の味覚で、特にかつおは初がつお一尾に三両（現在の三十八万六千四百円ほど）という法外な値段が付いたりしています。

また現在では高級魚とされるまぐろは下魚の代表で、脂肪の多い大トロなどは江戸っ子の口に合いません。赤身を下ごしらえした「づけ」が一般的だったようです。

川魚では隅田川のしらうお、多摩川のあゆは将軍家の御膳にも上げられていました。泥臭い関東のうなぎも、文政年間（一八一八〜三〇）頃には新しい調理法が生まれ、味が一新しました（117頁参照）。余談ですが、江戸市民の飲み水となった玉川上水には、多摩川のあゆがまれに迷い込んだということなので、人々の食卓に上ったかも知れません。

江戸前の豊かな魚介類と近郊農業の発達による食材の供給、全国からもたらされるたくさんの食材や調味料、そして酒などの嗜好品が江戸の人々の食を支えていました。一方、こうした食材などを江戸の隅々までもたらす流通機構が整い、また屋台や茶屋あるいは料理屋などの食を提供する店がそこかしこ各所に発展することで、江戸の食を支えるシステムが完成していきます。

参勤交代の武士はもちろん、商人や職人など全国各地から多くの人々が江戸に集まっていますが、彼らが故郷で育んできた食文化を背景とした多種多様な味覚も江戸という町に集まり、出会い混じり合って洗練されていきます。まさしく江戸は食のクロスロードであり、この江戸で現在につながる「和食」が大成したとも言われています。

勤番侍の江戸生活マニュアル

本編の主人公酒井伴四郎は、万延元年（一八六〇）二十八歳の時、初めて江戸勤番を命じられて単身赴任してきました。住んだ場所は、二十か所以上あった和歌山藩江戸屋敷の内、十三万四千坪の広大な敷地を有する赤坂紀の国坂の中屋敷です。現在の、東宮御所や各宮家のある赤坂御用地にあたり、四ツ谷の迎賓館もその一部でした。もちろん二十五石ほどの下級藩士であった伴四郎は、屋敷内に建てられた御長屋住まいです。

全国から江戸に集まった勤番侍には、色々な苦労があったようです。和歌山藩の付家老安藤氏に仕えた侍医原田某は、勤番侍が田舎者と侮られぬよう、また銭一文でも安上がりに生活が出来るように、自らの体験にもとづいて江戸の習慣や食べ物などについて生活マニュアルを書き残しています。題して『江戸自慢』。しばらくそこに書かれた勤番侍の生活の知恵に耳を傾けましょう。

原田氏によれば、江戸の周りは平地が続き田も多いのに、食べ物を他所に頼るのは「六十余州の人輻輳《ふくそう》して、食ひ潰す」、つまり自分たちのように、全国から人々が集まって食い潰してしまうからだと言っています。

勤番侍の食生活は自炊が基本です。『江戸自慢』にも、勤番部屋の竈《かまど》という言葉があるので、御長屋には竈があって煮炊きをしたのでしょう。また、七輪も手軽な煮炊きの道具でした。

節約を旨とする勤番侍は、自炊をするにも安価な食材を求めています。

なかでも水漬けの数の子は、一年中売られており値段も至って安いので、勤番者の飯のおかずとして最上の品だとあります。現代とは食事情も随分と違っていたようです。また貝類は種類も豊富で、ことにあさりやはまぐりは多く見られ、貝殻を取った抜き身で売られ、これまた安価でその上味も良く、おかずの第二位にあげています。

同じ貝類でもかきの肉は大きいけれども味が薄く、故郷の和歌の浦産に軍配をあげています。ただ貝柱は柔らかく美味で、古代中国の絶世の美女、西施《せいし》の舌のようだと絶賛しています。しかし高価なことが難点で、酒の肴には良いが、飯のおかずには「奢りの沙汰」つまりいらぬ贅沢と決めつけています。どうも勤番侍の価値基準の第一は値段にあったようです。

魚ではもが少なく、まなかつおは絶えて無しとあります。値段ではいな、いわし、このしろが非常に安く、あじは高く、たこ、えぶた（赤えい）は非常に高価で、貧士（下級武士）の口には入らないと書かれています。また生さけは美味しく上品だけれども、ますよりも味が薄いという評価です。

和歌山は魚介類に恵まれた所です。かつて紀州和歌山藩主から八代将軍となった徳川吉宗は、世の食の奢りを嘆いて、一日二食それも一汁三菜の粗食に甘んじました。しかし、食に無頓着だったわけではなく、和歌山育ちの吉宗は、魚の善し悪しには敏感だったと言われています。

原田氏もやはり魚にはうるさいようです。色々な魚の味について述べているのですが、江戸の魚は上品なものが多く、総じて味は淡泊で野菜を食うのと変わらないと断じています。この味の違いは、海中の砂石や泥と潮流の緩急の差からくるものと記しており、江戸と和歌山の自然環境の違いから味を比較する視点は、興味を引かれます。

江戸の酒

現在でも、仕事を終えて飲む一杯の酒は私たちの楽しみ、明日への活力を与えてくれます。その事情は勤番侍も一緒です。江戸における酒は、長い間池田や灘から運ばれるいわゆる下り酒がもてはやされ、江戸時代後期には年間百万樽の酒が船で江戸に運ばれたと言います。また『江戸自慢』によれば、江戸の酒でも上等なものは口当たりも良いとしていますが、値段が非常に高く、その上酔いが醒めるのもいたって早いということです。二日酔いの心配は無用ですが、鯨飲《おおのみ》の人間は、たちまちに財布の底が空になって、しまいには借金の淵に沈むと飲み過ぎに注意を喚起しています。昔も今も飲み助の事情は変わらないようで、耳の痛い話です。おいおい出て来ますが伴四郎も結構な酒好き、酒の上の失敗もたまには起こしています。

原田氏は、安価な火酒《しょうちゅう》を半盞《さん》も買えば肴もいらず、酔いも長く続いて土器に盛った味噌の肴も倹約になって経済的だと力説しています。

一説に江戸は、世界で最も早く専門の料理店が現れた所と言われています。全国から集まった勤番侍の多くは単身赴任、御店者《おたなもの》と呼ばれた商家の奉公人は、住み込み期間が長い上に結婚も遅く、江戸は男性の比率が異常に高い町でした。独身の男性にとって外食の出来る店は心強い存在であることは、今も昔も変わりがありません。ただし町人でも中流以上はめったに外食はしません。上級武士も宴席の他には、あまり外食の習慣はなかったようです。

外食とくに現在のファストフードに通じる鮨やそばなどは、江戸の庶民が育てた味です。もちろん原田氏や伴四郎のような下級の勤番侍にとっても、外食は心強い味方であり、江戸暮らしの楽しみでもありました。『江戸自慢』にも一膳飯屋、そば屋、汁粉餅屋あるいは腰掛茶屋などの店が、江戸中のいたる所にあるとあります。ちなみに伴四郎の頃の江戸には、そば屋だけで三千七百六十三軒はあるそうです。それも屋台の夜鷹そばを除いた数と言いますから、その数の多さに驚かされます。

食類を商う屋台には、普段は道に据えたままで、必要に応じて持ち運びするものから、天秤棒などで道具を担って歩く屋台もありました。祭や縁日に限らず、屋台は江戸の食を代表する存在でした。また当時、天ぷらや握り鮨も屋台で売られた庶民的な食べ物だったのです。
では、そろそろ酒井伴四郎の江戸日記から彼の食生活をのぞいてみたいと思います。

江戸へ出立

江戸勤番を命じられた酒井伴四郎、万延元年の五月十一日に和歌山城下を出発して、十八日後の二十九日に江戸へ到着しています。道中は和歌山から岸和田を経て大坂へ、京都の南に位置する伏見から琵琶湖畔の大津、草津とすすんで中山道を江戸へ向かうものでした。同行者は伴四郎の他に叔父の宇治田平三、大石直助と為吉という従者でしたが、途中から小野田喜代助、小林金右衛門が加わります。この二人は和歌山藩の支藩、伊予西条藩士です。

公用とは言え普通なら楽しいことも多い旅ですが、伴四郎たちには思いも寄らぬ困難が待ち受けていました。万延元年五月十一日は、新暦になおせば六月二十九日にあたります。新暦六月の終わりは梅雨も真っ最中、この年は特に大雨が続いていました。

旅の初日から、田井の「瀬渡（歩いて渡る渡し場）」では「余程水増、勢い強く」とあるように、水かさの増した川を渡るのに手間取ったり、山崩れにあったりしています。翌日も雨の中の出立でしたが、途中から久しぶりの晴れ間です。樫の井宿の先にある茶屋で、たこを肴に酒を飲み一椀の飯を食べています。茶屋の名前は蛸茶屋と言いますから、たこが名物のようです。その後、堺ではあんころ餅四つを食べながら名物の松を見物、住吉大社を参詣して大坂に到着、雨の苦労はありましたが、まだまだのどかな様子です。

夜には、高麗橋あたりの繁華街をうろついて「うつくしき辻君」をたくさん見ています。辻君とは道ばたで客を引いた街娼、江戸で言う夜鷹のことです。翌日は曇りでしたが、淀川の増水や枚方あたりの通行困難を理由に大坂にもう一泊しています。この時、宿《しゆく》役人から書付一札を貰ったと日記に記しています。きっと天候や道中の困難による延泊を証明してもらって、あとで藩へ届けるのです。その日は天神様を参詣した後、終日芝居見物を楽しんでいますが、あまりの混雑に為吉が煙管《きせる》をすり取られ、伴四郎が持ち合わせの煙管をあげています。また、伴四郎は大坂名物の虎屋饅頭を飛脚で和歌山の家へ届けさせています。わざわざ飛脚で送るくらい美味しく有名な饅頭だったのでしょう。

虎屋饅頭というのは大坂高麗橋三丁目にあった菓子店虎屋伊織（山城）の名物でした。この店は、現在の商品券にあたる饅頭切手を考案したり、店頭で饅頭を蒸しあげ

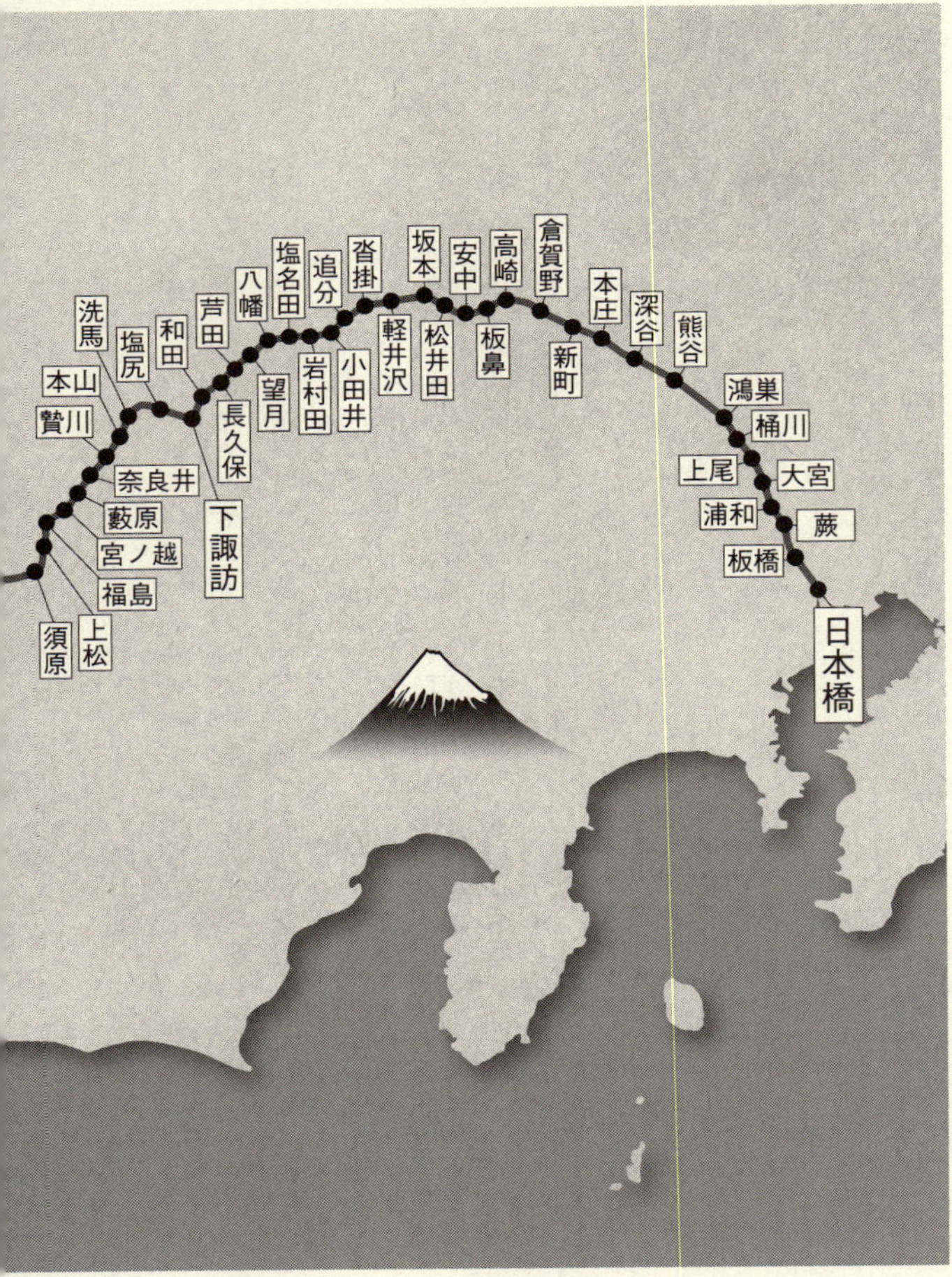
日本橋
板橋
蕨
浦和
大宮
上尾
桶川
鴻巣
熊谷
深谷
本庄
新町
倉賀野
高崎
板鼻
安中
松井田
坂本
軽井沢
沓掛
追分
小田井
岩村田
塩名田
八幡
望月
芦田
長久保
和田
下諏訪
塩尻
洗馬
本山
贄川
奈良井
藪原
宮ノ越
福島
上松
須原

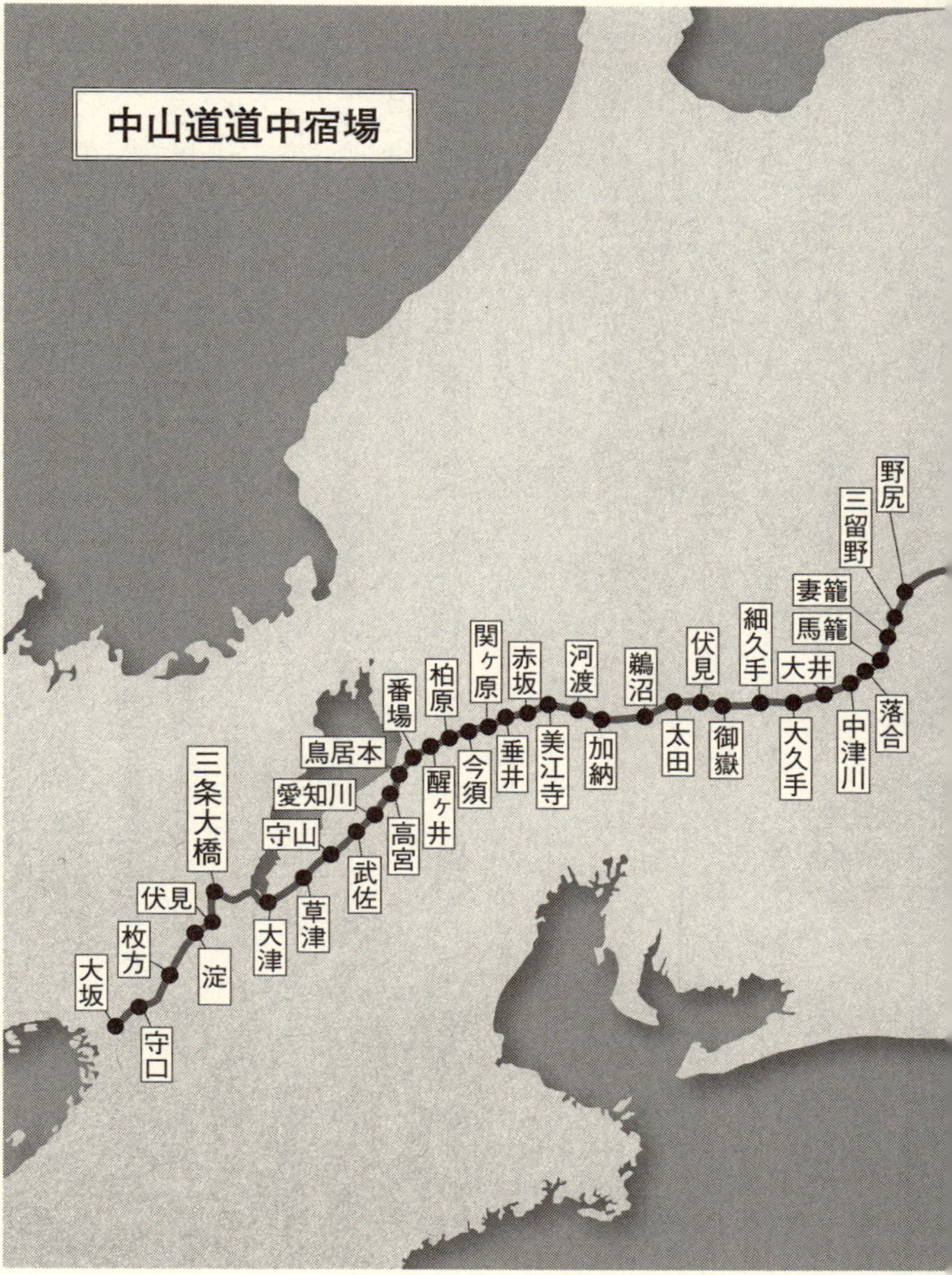
中山道道中宿場
野尻
三留野
妻籠
馬籠
落合
中津川
大井
大久手
細久手
御嶽
伏見
太田
鵜沼
加納
河渡
美江寺
赤坂
垂井
関ヶ原
今須
柏原
醒ヶ井
番場
鳥居本
高宮
愛知川
武佐
守山
草津
大津
三条大橋
伏見
淀
枚方
守口
大坂

場）の大きなことへの驚きを道中記に記しています。

市）の農民たちが、案内人に連れられて虎屋を見物しているのですが、台所（製造

五年（一八五二）、お伊勢参りの途中に大坂を訪れた武蔵国大里郡村岡村（埼玉県熊谷

店そのものが大坂名所になっており、多くの旅人が見物に訪れています。例えば嘉永

る時にパフォーマンスを行って客寄せを行うなど、上方では知られた菓子屋でした。


　虎屋伊織は明治以後閉店しますが、現在では大阪の鶴屋八幡がその衣鉢を継いでいます。ちなみに京都で永年禁裏の菓子御用を勤め、明治二年（一八六九）の東京遷都とともに東京にも進出した虎屋（とらや、虎屋黒川）とは別の店です。

　翌十四日は、前日夜からの大雨ですが、いつまでも宿にいるわけにもいかず無理に出立しました。荒れた道を進んで、毛馬洗《けまあらい》という渡し場から三十石船に乗っています。

　江戸時代は河川を利用した舟運が発達しており、各地で重要な交通手段となっていました。伴四郎達も淀川水系を利用した大坂―京都（伏見）間の船旅です。川を船で行き来するわけですから、下りは流れに乗ればよいのですが、川上に向かう場合は風力を利用したり、船につけた綱を人力などでひっぱったり、棹をさしたりしています。

　枚方《ひらかた》を過ぎて淀の二里（約八キロ）ほど手前では、「悪風」が吹き寄せて帆柱が折れかかり、船中に入ってくる水をすくい揚げるという大変な目にあっています。日記

に「皆々生た心持」がしなかったと書いているので相当に恐ろしい思いをしたのでしょう。

枚方と言えば「くらわんか船」が有名です。淀川を上下する乗合船に「酒喰らわんか、あん餅喰らわんか」と呼びかけながら、漕ぎ寄せる煮売り船で、お客に酒や食べ物を売っていました。彼らは幕府から同地における酒食販売の独占権を得ており、時として押し売りに近いこともあったようです。後にくらわんか餅と言えばその餡餅を、くらわんか茶碗と言えば、そこで使われる安価な飯碗のことを指しました。さすがにこの時は、くらわんか船も営業中止だったのでしょう、伴四郎達は食べ損なっています。

この時から三年後、くらわんか餅を食べた日向延岡藩主夫人内藤繁子は「餡餅を一つ食べた所、こげ臭くいやな臭いがして、二度とは食べられぬもの」と道中記に記しているので、相当な代物だったのでしょう。

やっと到着した淀も大変な混雑で泊まる宿もなく、また舟に乗って伏見まで進んで宿をとりました。その途中見える光景は、堤の崩れた川岸や、軒口まで水があふれた家々、街中を川のように往来する舟など、まさしく「前代未聞の大水」でした。

雲助の昼飯

五月十八日
（略）其向一面の川、野も畑も人家も皆一つ、人死数知れず、人家皆流、誠に目の当られぬ事なり、是非なく無理に呂久川より渡舟にのり、川も畑ものり通り、五里余り行、なます村に付合渡へ上り、腹は減る、何ぞ喰物と探とも、水つきゆえ何も無、ようやく雲助の喰牛房焼麩大根浅漬大豆煮染めと喰ならては喰はさる物を買、酒二盃呑、それていきをつなき（略）

まだ雨の道中は続いています。本多下総守六万石の城下町膳所《ぜぜ》は、琵琶湖からの出水によって人家は軒口まで水に浸かり、普段は歩いて渡る川も船に乗って渡っています。そうした苦労からでしょうか、十七日に泊まった赤坂宿では、気分が悪くなり「ふかんきん」という薬を煎じて飲み、按摩を呼びましたが、肩が凝って大変痛いと嘆いています。

翌十八日には、洪水によって野も畑も人家もすべて水に浸かり、そのなかを舟で進むという経験もしています。人的な被害も相当あったようで伴四郎も「人死数知れず」と書いています。呂久川という渡し場から舟で五里（約二十キロメートル）ほど「川も畑ものり通」して、やっとなます村の合渡《ごうど》という所で岸に上がり、あまりの空腹に耐え兼ねて食物を探すのですが見つかりません。やっと探し当てたのは、伴四郎いわく「雲助の喰」うような食べ物でした。雲助とは街道筋で駕籠を担いだ人足のことです。

その食事は、ごぼうと焼き麩に大根の浅漬と大豆の煮しめでした。たしかに粗末なしろものかもしれませんが、昼飯には十分なような気もします。それでも彼らは酒を飲みながら食べてやっと「息を継いで」います。この時ばかりは、粗末な雲助の食事がありがたく思えたことでしょう。この時の昼飯代は二十二文（約四百四十円）、酒代二十四文を足しても四十六文でした。ちなみに前日の関ケ原では百十六文、翌日の鵜沼では百八十二文ほど、日によってばらつきはありますが、大体百文から二百文以内が多いようです。二十四日の熊谷では昼飯に三百七十二文（約七千四百四十円）も使っていますが、残念ながら食事の内容はわかりません。こうしてみると合渡の昼飯は、値段的にも雲助の食だったのでしょう。

大雨にたたられた道中、なかなか好きな食べ物も口にすることが出来ません。しかし、十九日の休憩に太田で玉子を肴に酒を飲み（二十八文）、その後、二軒茶屋ではうなぎ三串と酒一合を楽しんでいます。日記を見る限り、食事だけでなくちょっとした休みにも酒を飲むことが多いようです。つまみに玉子というのはゆで玉子のことでしょう。

玉子は伴四郎の好物のようで、翌二十日も食べ、二十一日には玉子で酒を楽しんでいます（五十四文）。戦国時代までの日本人は鶏卵を食べることは少なかったのですが、その頃来日した南蛮人（ポルトガル人等）の影響で、徐々に食べるようになりました。そして江戸時代後期には『玉子百珍』（『万宝料理秘密箱』）のようなレシピ集も出版され、玉子売りが江戸の町々を売り歩いています。

さて、この時のうなぎです。日記には「生魚ハ大津ニて喰しより久し振」りとあり、琵琶湖畔の大津以来、四日振りに食べた生魚がうなぎというわけです。この時、伴四郎が食べたうなぎは蒲焼だったのでしょうか、それとも白焼だったのでしょうか、また一度蒸して脂を抜いた江戸風か、あるいは脂のきつい上方風のどちらだったのでしょうか、残念ながら日記には書かれていません。特別な感想がないということは、普段食べている和歌山と同じ調理法だったとも思われます。幕末の和歌山のうなぎは江戸風、関西風どちらだったのか気になるところです。

食事に苦労して、「雲助の食事」で息をつないだ伴四郎ですが、のど元過ぎればなんとやら、六日後の二十四日に東餅屋村（長野県小県郡長和町）で昼食を求めて家々に聞いたところ、用意出来るのはどこも「冷飯菜《ひやめしな》」、つまり雲助の喰うものばかりで、餅もまったくの「不塩梅」と不満を言って、結局隣りの村まで足をのばして昼食をとっています。それにしても餅屋村の餅が不塩梅というのは、看板にいつわりありです。ただしひとつ手前の西餅屋村で食べた名物の餅については、不平は書かれていないので、「不塩梅」ではなかったのでしょう。

この東餅屋村を含む道は、中山道中最大の難所とも言われ、しかも下諏訪宿から和田宿まで二十キロ以上の長丁場で、急坂が多く旅人を苦しめていました。幕府は峠にかかる道筋の、落合、桶橋、西餅屋、東餅屋、唐沢の五か所に休み場を設け、特に東餅屋村には五軒の茶屋を設置して一軒に対して一人扶持（一日玄米五合）を与えていました。茶屋ではそれぞれ名物の餅を売り、行き倒れの旅人があれば五軒の茶屋で介抱もしたそうです。ただし名物の餅も伴四郎の口には合いませんでした。

不景気で地獄を出奔した閻魔が、草津で「姥が餅」を売っている自分の乳母と再会している。歌川国芳『道外浄瑠璃尽』（部分、吉田コレクション／画像提供：虎屋文庫）

道中の名物

こうした旅ではありますが、彼らも人並みにそれぞれの所の名物を楽しんでいます。江戸時代は、街道が整備され庶民を含めて多くの人々が旅をするようになりました。その結果、旅人の行き交う街道に多くの名物が生まれ、道行く人々を楽しませています。少し日は前後しますが、伴四郎の食べた名物を紹介しましょう。

近江国の草津は、東海道と中山道の分岐点、名物として姥が餅が知られています。姥が餅は、織田信長に滅ぼされた六角義賢《ろっかくよしかた》（承《じょう》禎《てい》）にひ孫を託された乳母が、自分の故郷で餅を作り、街道で売ってその子を育てたという伝説に由来します。餅をこし餡で包み、上に小さな白い餅を載せた姿が乳母の乳房を思わせる銘菓で、現在でも草津の名物となっています。伴四郎が草津に泊まった十五日には、姥が餅を五つも食べています。

木曾道中では餅が名物となっている所が多いようです。草津に泊まった翌日、篠原村で食べた餅は篠原餅、翌日は摺針峠《すりはりとうげ》であんころ餅、十九日は十方木村にて餅、また二十日には妻籠に泊まり「所々にて色々餅喰」と日記に記しています。いちいち書き留められないほど餅を食べたのでしょう。木曾路と言えば山の中、きびしい登り下りに備えてのまさしく「力餅」でした。こうした名物のなかには、今では幻となってしまったものも少なくありません。伴四郎が摺針峠で食べたあんころ餅もその一つ、摺針峠は琵琶湖を望む景勝の地、そこの茶屋望湖亭で出される餅は美味く、摺針餅の名で親しまれていました。しかし、平成三年（一九九一）火災によって焼失、名物も失われました。伴四郎がこの峠を通った三年後の文久三年（一八六三）、上洛の途上の十四代将軍徳川家茂《いえもち》もここを通って摺針餅を賞味、気に入ったのでしょう、わざわざその日の宿所まで運ばせています。

二十二日、浦島伝説で有名な寝覚村（長野県木曽郡上松町）を通っています。村を流れる木曾川の中に、上が平らな巨岩があり、浦島が目覚めた床、「寝覚の床」と呼ばれています。この岩は今でも中央線の車窓から望むことが出来るので、見られた方も多いことでしょう。伴四郎も臨川寺の庭から浦島が釣りをした場所を訪ね、見る名所が多いと記しています。ここの名物はそば、寝覚そばの名で広く親しまれ、道中案内などでも紹介されています。もちろん伴四郎も賞味しています。六十四文（約千二百八十円）と結構な値段ですが、残念なことに味についての感想はありません。

同じ日、上松宿より半里（二キロメートル）先の新茶屋では名物のわらび餅を食べた後、柏餅も食べています。中山道にかぎらず各地の街道では、色々な餅が名物となっており、このわらび餅や柏餅も同様です。たとえば東海道の日坂《にっさか》ではわらび餅、猿ケ馬場では柏餅が有名です。わらび餅は、わらびの根のでんぷんで作った半透明な菓子で、黄粉をかけて食べ、関西などでは広く知られた菓子です。わらび粉は現在では大変に希少になり、多くの場合わらび餅粉という名の馬鈴薯でんぷんを利用しています。江戸時代でも同じ様な事情があったようで、日坂のわらび餅もかつてはわらび粉を使っていたものが葛粉に変わってしまったという記録もあります。余談ですが、かつて葛粉を使った葛餅も、現在では馬鈴薯でんぷんを使うことが多いようです。

五月二十三日、旅も半ばを過ぎましたが、前半のような難儀はなくなり旅を楽しむ記述が見えます。とちの木村で栗粉餅を食べ、途中の街道にはたくさんの畜類の皮を売る店もあります。この畜類というのは土地柄熊や鹿でしょうか。伴四郎はそこで山椒魚（百文＝二千円）を買っていますが、これは江戸に着いてから和歌山の家族に送っているので干物だったのでしょう。いよいよ塩尻峠も間近な一軒茶屋にて玉子を食べ、初めて富士山を見ています。峠を下ると洗馬《せば》の宿には改所があって、彼ら一行の旅の手続きに手抜かりがあると言われました。雲助の昼飯を食べさせられた十八日に、美江寺宿への先触れ（宿泊する宿場への事前連絡）が抜けていることを指摘されたのです。本陣の亭主の取りなしもあり金一朱にて手打ち、亭主にも世話賃として金二朱をわたしており結構なもの入りでした。雨の難儀は去りましたが、今度は人間社会の難儀が待っていたのです。江戸時代もけっこう金次第の世の中だったのかも知れません。ただ一朱と言えば、一両の十六分の一にあたります。当時のお金は金貨・銀貨・銅貨（銭）があって、それぞれに交換レートもあり、それもよく変動しています。現在の価値に換算するのは難しいのですが、この時の一朱は、大まかに言って一万円弱といったところでしょうか、しめて金三朱は旅の途中には痛い出費でした。江戸時代のお金や単位など次頁の表をご覧ください。これまでもお金の換算をしてきました。これは伴四郎の生きた時代のちょっと前になりますが、丸田勲氏の『江戸の卵は1個400円！　モノの値段で知る江戸の暮らし』（光文社新書）から、文化・文政期（一八〇四〜三〇）のお金の価値を記させていただきました。伴四郎の江戸滞在中は、幕末のインフレ時期にあたっているので、その点を勘案していただきたいと思います。

気を取りなおして武田信玄の古戦場として有名な桔梗ケ原で粟餅を食べて、その夜

文化・文政期と平成の物価換算

●文化文政期の三貨制度

1両	4分	16朱	
6400文	1分	4朱	
銀65匁	1600文	1朱	
	銀16.3匁	400文	
		銀約4匁	銀1匁
			約100文

1両＝6400文＝銀65匁
1両＝4分＝16朱
銀1貫＝1000匁
銀1匁＝10分

●現在貨幣価値への換算

1文	20円
1両	128,800円
1分	32,000円
1朱	8,000円
銀1匁	2,000円

丸田勲『江戸の卵は1個400円！　モノの値段で知る江戸の暮らし』（光文社新書）より作成。

は下諏訪泊まり。下諏訪と言えばやはり温泉です。もちろん伴四郎たちも温泉に浸かって旅の疲れを癒しています。

二十五日は軽井沢までの道のりです。伴四郎自身が「この所余程難所」と言っている碓氷峠が控えていますが、有名な「峠の力餅」でしのいでいます。この餅の値段は五十五文、他の所で食べた餅より高値です。また途中で、れんこんの油揚げを肴に味醂酒一盃を飲んでいます。味醂酒は『太閤記』にもミリンチュウ（味醂酎）と記される南蛮渡来の酒で、焼酎に蒸した餅米を混ぜ、麴を加えて作った酒です。伴四郎は道中昼間でも酒を飲んでいますが、旅にさわりはなかったのでしょうか、人ごとながら心配になります。

しかし心配は御無用、翌日にはきゅうりもみで焼酎を飲んでいます。日記に「火降ごとく暑気強し」とわざわざ記すくらいですから、相当の暑さで、暑気払いのつもりだったのかもしれません。その後も二十七日にはうどんと生節で一杯、二十八日にはそうめんで酒一合を飲んでいますが、ともに午前中のことのようです。

江戸までの道のりもあとわずか、それまでと同様色々な名物を楽しんでいる伴四郎ですが、高崎からいよいよ関東に入ると食べるものに変化が見られます。安中宿の先、八本木村で芋饅頭の油揚げ、深谷では饅頭揚げを食べています。この辺りでは、いわゆる揚げ饅頭が名物だったのでしょうか、関東には小麦生産の盛んな所が多く、また綿の生産も盛んになり、綿実油も手に入りやすかったのかも知れません。地域性が食べ物にも現れるのでしょう。

二十八日の八ツ時（午後二時過ぎ）には最後の宿である板橋宿に到着、長い旅の疲れを取って明日の藩邸入りにそなえる伴四郎一行、女郎屋をひやかしたり新内流しを呼んで、語りを聞いたりしています。明日からは藩邸での宮仕え、旅の最後の夜をゆっくりと楽しんだのでしょう。新内というのは新内節の略です。江戸浄瑠璃の一派で哀調のある節廻しに特徴があり、寄席などでも演じますが、江戸では吉原や盛り場を二人一組で三味線を抱えて流しています。この時、新内語りに百文（約二千円）を払っています。

江戸の味・調味料

当時の調味料は醬油、酢、味噌をはじめ、塩、味醂、砂糖あるいは昆布やかつお節などが主なものでしょう。こうした調味料の多くは、江戸時代中期になってもなお上方などから江戸へもたらされていました。

良い例が塩の場合でしょう。気候や潮の満ち干など製塩条件に恵まれた瀬戸内海沿岸の各地から、船による大量運搬で江戸に運ばれました。吉良上野介が浅野内匠頭に対して意地悪をしたのも、良質の塩を作る赤穂の製塩技術の伝授を内匠頭に拒まれたからという「話」があるように、塩は貴重な商品だったのです。

醬油も同じくほとんどが上方からもたらされ、享保年間（一七一六～三六）には七割から八割が上方産でした。しかし、江戸時代中期から後期にかけて下総の銚子や野田（共に千葉県）で醬油の生産が本格化して、ヤマサ、ヒゲタ、キッコーマンなど現在でも有力な銘柄が生まれ、文政四年（一八二一）には、江戸に移入された醬油百二十五万樽の内、上方産のものはわずか二万樽に過ぎません。伴四郎が江戸で生活した幕末頃には上方産は五百樽ほどで、そうなると伴四郎達にとって紀州和歌山の醬油の味が恋しいものに感じられたことでしょう。

関東で作られる醬油は、上方の薄口醬油と違って、小麦を多く使った香り高い濃口醬油でした。これは江戸の人々の好みに合わせて製法が発展したものでしょう。余談ですが有力な醬油生産地銚子に、醬油の製法をもたらしたのは、伴四郎の故郷紀州の人々でした。

味噌も地方によって違いが見られます。京都の白味噌、名古屋の八丁味噌などが知られていますが、関東以北では米麴を使った塩辛い辛口味噌が多く、江戸では塩気の少ない赤褐色の甘味噌も作られていました。

江戸の味覚に欠くことの出来ないものが味醂で、特に下総の流山味醂が有名です。うなぎの蒲焼に味醂を使うことによって照りや味だけでなく、香りも豊かになって食欲をそそります。

もうひとつの江戸料理の特徴に甘みがあります。甘みと言えば砂糖。江戸時代には薩摩藩を通して奄美や琉球の黒砂糖がもたらされていましたが、白砂糖や氷砂糖はすべて輸入に頼っていました。こうした状況を憂えた八代将軍吉宗によって砂糖の国産化が図られ、徐々に和製砂糖の生産量も上がり、十九世紀になると砂糖の生産地が各地に出来るようになりました。伴四郎の故郷和歌山藩も有力な砂糖産地のひとつです。現在では香川県や徳島県で和三盆糖と呼ばれる昔ながらの砂糖が作られて、主に和菓子の原材料となっています。江戸時代当初の素朴な調味料から徐々に発展して、江戸の人々の味覚に合った醤油や味醂をはじめとする調味料が完成して、江戸の味わいを深めています。

第二章 藩邸と江戸の日々

江戸最初の外食　そば

五月二十九日

五ツ半時頃江戸御屋敷へ到着、相之馬場の御長屋住居、直様《すぐさま》半袴にて三人連御用部屋へ罷出（略）（中田町からの帰り道で）火箸・土びん・風呂火口・衣文《紋》竹・行平求め、空腹になりそば二膳喰、それより帰り（略）

五月二十九日、いよいよ江戸到着です。五ツ半時（午前八時半頃）には赤坂紀の国坂の紀州和歌山藩中屋敷に入り、これから住む御長屋を指定されます。すぐに旅装を解いて、半袴（裾口が足首までの平袴）に着がえて御用部屋に挨拶の上、江戸到着の届けなどを済ませています。昨日、早めに板橋宿に泊まって朝早く到着したのは、こうしたあわただしさに備えるためだったのでしょう。また、藩への届けに「泉州（大阪）樫の井川満水」「淀川満水」「枚方堤往来留」「美濃路鮎川満水」「信州野尻・須原の間山崩」と道中の難儀を記して、通常よりも日数のかかったことを報告しています。はじめての江戸勤番でなれないことも多く、色々と世話を焼いてくれる人もいます。

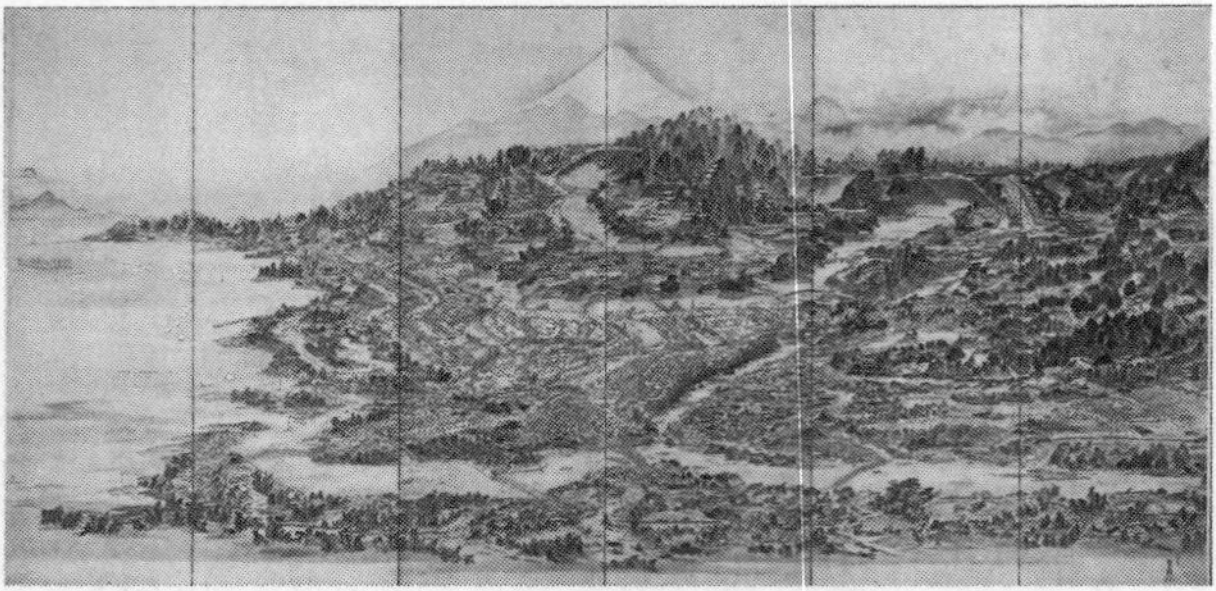
隅田川より東、目黒川より西は、江戸の郊外である。『江戸一目図屏風』（津山郷土博物館所蔵）

また、旧知の藩士たち六名ほどが無事な到着を祝って長屋を訪れてくれました。

伴四郎は叔父の宇治田平三と大石直助の三名で同じ長屋に住むことになりました。場所は藩邸の北側にあった相之馬場勤番長屋で、粗末な建物であったことが『南紀徳川史』に記されています。伴四郎（二十五石）や叔父（四十石）クラスの禄高の藩士が住む長屋の間取りは、間口一間半（約二・七三メートル）で三部屋だったようです。

叔父についてはおいおい紹介するとして、大石直助について簡単に触れておきます。直助は和歌山藩士大石常次郎の弟、いわば部屋住みですが、江戸出府を許されています。それは伴四郎と直助が、平三の衣紋道の弟子であり、江戸で衣紋方の勤務につくからです。直助は参勤中、特別に一年十両三人扶持をもらうこととなります。なお、直助とともに日記に毎日のように登場する民助は、直助の弟になります。彼らのような次男以下の部屋住みの者たちにとって、こうした参勤は得難いチャンスであったことでしょう。また、和歌山から旅を共にしてきた従者（小者）の為吉も日記によく登場しますが、彼は参府から約一か月後の六月二十八日に和歌山へ帰って行きました。

挨拶回りも済ませて中田町へ外出した伴四郎、その帰りに買い物です。買い求めたのは火箸、土瓶、風呂火口（火ふき竹）、衣紋竹それに行平鍋です。火箸は炭火を扱うためには欠かせません。土瓶で湯を沸かし、火ふき竹で薪や炭に息を吹きかけ火をおこします。衣紋竹は着物をつるす現在のハンガー、行平鍋は把手と蓋のついた平鍋で陶製のものが一般的でした。どれもその日からの生活に必要なものばかり、まずは男所帯の準備から江戸生活が始まりました。

買い物の帰路、空腹を覚えてそばを食べています。江戸におけるはじめての外食がそばだったのです。

現在そばと言えば、細長いものですが、古くはそば粉を熱湯で練って餅のようにして、醬油やつゆなどをつけて食べる「そばがき」が一般的でした。うどんが江戸時代以前からあったのに比べ、細長いそば切が生まれたのは江戸時代初期、慶長十九年（一六一四）のことと言われていましたが、近年では新史料の発見によって天正二年

天ぷら屋の隣りに夜鷹そば屋が出店、商売がうまい江戸っ子。絵入『柳樽二篇』（部分、飯野亮一『すし 天ぷら 蕎麦 うなぎ』ちくま学芸文庫）

（一五七四）までさかのぼれます。最初の頃のそばは、つなぎに重湯やすった豆腐を使い、小麦粉のつなぎが登場するのは、元禄あるいは享保の江戸時代中期とのことです。意外なことに、そばもうどんも菓子屋が作り、後に専業の店が登場しています。かつて筆者が勤務していた虎屋にも、江戸時代のうどんやそばの販売記録や汁を入れた徳利が残されています。

よく関西のうどん、関東のそばなどと言われますが、江戸っ子はそばをよほど好んでいたらしく、大坂で生まれ、成人後江戸に移り住んだ喜多川守貞が様々な事象について江戸、大坂、京都の三都を比較した『守貞謾稿』によれば、幕末には一町に一軒のそば屋がありました。また、万延元年（一八六〇）には、江戸府内に三千七百六十三店のそば屋があったとも言います。しかも、この数字に屋台の夜鷹そば屋は含まれていません。

そばは現在でも代表的な外食です。幕末の江戸でも事情は同じで、鮨とそばが多くの人々に親しまれていました。値段も安く、握り鮨が一個八文くらい（約百六十円）、そばもかけや盛りは一杯十六文で食べられました。二八そばという言葉は、そばの値段が十六文なので、九九の「二八、十六」に由来すると言われますが、小麦粉二割、そば粉八割という割合に由来するとも言います。しかし、小麦粉を主材料とするうどんの看板にも「二八」とあるところから、材料の割合から説明するのは無理があるようです。最初は値段から始まり、後に割合から二八と呼ばれるようになったという説に説得力があるように思われます。歌川広重の「木曾街道六十九次／関ケ原」には「三五　そばきり　うんとん」の文字が見えますが、これは三五、十五文のことでしょう。

幕末における江戸のそば屋のメニューが伝えられているので紹介します。筆頭に御膳大蒸籠《せいろう》、これは上等な蒸籠の大盛りのことで四十八文もします。次にそば十六文とありますが、これはかけと盛り両方をさしています。以下あんかけうどん（十六文）、あられ（二十四文）、天ぷら（三十二文）、花まき（二十四文）、しっぽく（二十四文）、玉子とじ（三十二文）、最後は上酒一合四十文でした（『守貞謾稿』）。

伴四郎も外食にそば屋をいちばん多く利用しています。万延元年十一月から一年間に三十一回もそばを食べていますが、そのうち十四回は酒も一緒に飲んでいます。盛りそばやかけそばが主だったようですが、時にはちょっと贅沢をして、天ぷらそば（六十四文）、五目そば（百文）やそば御膳（八十文）なども食べています。伴四郎がそばを食べる時は、いつも「二ツ」つまり二杯は食べていました。ちなみに盛りそばを蒸籠に盛るのは、江戸時代のはじめ、そばをさっとゆでてから蒸籠で蒸した「蒸しそば」の遺風と言います。しかし、上方では盛りそばも皿に盛りました。

先に紹介した江戸生活マニュアル『江戸自慢』にも、そば屋に関する記述があり、そば屋には上等の酒が置かれているとあります。これは『守貞謾稿』のメニューと同じで、伴四郎がそば屋で酒を飲みたくなるのもうなずけます。しかし、紀州と違って麵のつなぎに鶏卵を使わず、小麦粉を使うために胸につかえ、三杯とは食べられないとあります。ただし汁は至極美味しく、和歌山のそばと江戸の汁を合わせれば「腹の裂るを知らず」に食べられると書いています。また、江戸のそば屋に入ると「盛り」か「かけ」かと聞かれて、すぐに答えなければならないと記されていますが、きっと筆者の原田氏自身も最初はとまどったのでしょう。

江戸の飲料水

これから始まる江戸藩邸暮らし、何よりも大切なことは水の確保です。飲み水や料理、洗顔や風呂と水なくして生活は成り立ちません。江戸は元来、水に不自由な都市でした。天正十八年（一五九〇）、徳川家康が江戸に入府して都市づくりが始まります。

絵の右側の坂に沿って紀州和歌山藩中屋敷があった。一部分のみ見える火の見櫓も藩邸の一部。反対側は弁慶濠で、その先の町家が赤坂。伴四郎が日々歩いたあたりである。『江戸名所百景』は安政三年（一八五六）から五年にかけての作品。歌川広重『江戸名所百景　紀の国坂赤坂溜池遠景』（個人蔵）

まずは上水を作ることを計画し、家臣大久保藤五郎に上水の見立てを命じ、藤五郎はその功によって主水《もんと》の名を与えられたと言い伝えられています。水が濁ってはいけないので「もんど」ではなく「もんと」なのです。ちなみに大久保主水は幕末まで幕府の御用菓子師を勤めた家で、邸内には主水井という名水がありました（『江戸名所図会』）。菓子作りにも水は必要だったのでしょう。

幕府が開かれると江戸の都市づくりは本格化して、神田の山を切り崩し、日比谷入り江などを埋め立てます。埋め立て

弁慶濠から赤坂見附方面を見る。　筆者撮影

地からなる江戸の下町は、井戸を掘っても飲料に適さず「万民これをなげく」状態でした。伴四郎が住んだ和歌山藩赤坂藩邸近くに残る地名溜池（港区）は、雨水などから飲料水を貯めておく、まさしくその名の通り溜池でした。

寛永年間（一六二四〜四四）に神田上水が開鑿され江戸北部への給水が始まりました。まずは江戸城や武家地への給水が第一です。和歌山藩中屋敷のある赤坂や四谷、麴町などは対象外、承応三年（一六五四）の玉川上水の完成によって大名の藩邸や町家にも給水が行われるようになりました。

その後、井戸開削技術の進歩によって多少江戸の飲料水事情は好転しますが、幕末になっても水売りが商売をするような土地柄でした。また、井戸の水を汲んで依頼主に届けたり、上水の余水を舟に積んで水の不自由な土地に運び、天秤棒で水桶を担いで売る商売人もいました。

伴四郎が住む、赤坂の中屋敷は赤坂見附から紀の国坂を登った台地上にあり、裏を四谷大木戸から暗渠に入る玉川上水が通っています。藩邸内の水事情については判然としませんが、伴四郎たちは藩邸内に引き入れられた玉川上水の水を汲んで長屋に溜めて使っていたようです。ただ、日記に水に関する記載は少なく、六月二十八日五ツ時に「水一荷汲込」、七月二日「水壱荷汲込」という以外に伴四郎たちによる水汲みの記述はありません。この辺の事情は今一つはっきりしませんが、毎日のことなので書かなかったのでしょうか。もしかすると六月二十八日の朝、藩邸内出入りの商人岩見屋が持ってきた四斗桶（七二・一六リットル）は、大きさからすると水を貯めるものかも知れません。

多摩川上流羽村から流れる玉川上水。内藤新宿町屋の裏を流れて四ツ谷大木戸から暗渠となる。伴四郎もこの「河岸」を通った。歌川広重『江戸名所百景　玉川堤の花』（個人蔵）

しかし、七月十六日から伴四郎たちの水事情が一変します。この日から水汲みを雇って、毎朝水一荷（桶二つ）を運んでもらうことになったのです。この水は藩邸の近くを通る玉川上水から引き入れられたものでしょう。後で述べるように（75頁）藩邸内には勤番武士の生活を支えるために、多くの商人たちが出入りしていましたが、このような水汲み人足も藩士たちと直接やり取りして藩邸内に入っていたのです。

この水汲み人足については興味深い話があります。九月十六日、水汲み人足が伴四郎に金一分を貸してくれと言ってきます。一分は一両の四分の一、下級武士や庶民には小さな金額ではありません。伴四郎は「心の知れぬ者ゆえ断り申候」と断っています。心の知れぬ者ということは、どのような人間かはっきりしないということ、身元は大丈夫だったのでしょうか、少し心配になります。

この水汲み人を伴四郎は「夜廻の者」と呼んでいます。大名の藩邸の門番は夜になると、拍子木を打ちながら邸内を回って時刻を知らせたので、この者は普段門番をしていたのでしょう。ただ、少なくとも幕末の和歌山藩邸内では、このような者たちが立ち入り、藩士達に金を無心するということがあったということです。思ったより、幕末の江戸では下級武士と庶民の垣根は低かったのかも知れません。こうしたことも含めて「藩邸社会」は色々な身分の人達が重層的に重さなりあっていたのでしょう。

水汲み賃ですが、参考までに先に触れた水汲み人は運ぶ距離によって、ざっと一荷四文から六文くらいだったようです（『守貞謾稿』）。もちろん真夏には高くなります。

翌文久元年に伴四郎が出費を記した「江戸詰中小遣帳　五番」があります。これは十一月十三日から十二月一日までの記録なのですが、十一月晦日に水汲み賃として金一朱を払っています。これは現在の八千円程度に相当します。他の記録がなくてはっきりとは言えませんが、ひと月分の代金だったのでしょうか。水汲み人も何軒かを引き受ければ結構な収入になったと思います。

手土産の菓子折

六月二十日
朝少々曇る、前日の状に安藤へ菓子など持参にて参るべしと申来これあるゆえ、為吉を菓子屋へ見に遣り候ところ、思はしき菓子もなく、そのまま帰り、また後程見に行つもりにいたし候

翌日に安藤飛騨守の屋敷を訪ねる予定の伴四郎ですが、事前に菓子を持参したほうが良いという連絡がありました。昔から菓子折は、手土産の定番だったのでしょう。

安藤家は紀州和歌山藩徳川家の付家老、付家老というのは、江戸時代のはじめ幕府

から御三家などに藩政の監督運営のために任命された家です。だから家老とは言っても、田辺で三万八千石を領する大名に準じた家柄で、実際明治元年（一八六八）には、朝廷から正式に藩主（大名）として認められています。上屋敷は小石川金杉水道町（現文京区）、巣鴨御駕籠町（現豊島区）に下屋敷がありました。伴四郎が挨拶に出向くのは上屋敷のほうでしょう。

紀州和歌山藩士の伴四郎、安藤邸へ持参する手土産の菓子にも気を使っているようです。為吉を菓子屋へ見に行かせているのですが、良い品がなかったのでいったん引き揚げ、後で見に行くことにしました。

翌二十一日は、安藤屋敷訪問の予定だったのですが、四ツ谷の稲荷社と祇園天王両社の神輿見物のために延期です。どうもこのへんはいいかげんなようです。朝早くに坂下（藩邸から坂を下ったあたり）の菓子屋へ為吉を使いに出して、菓子の購入を一日延期する旨伝えているので、特別な菓子を用意させたのでしょう。挨拶を延ばしてまでの祭礼見物ですが、「極上手」な曲太鼓や角兵衛獅子を大変面白く見物し、そこへ両社神輿が「揉来り」大層なにぎやかさでした。

やっと二十二日は安藤屋敷訪問です。同じ長屋の大石直助に髪を結ってもらい、小者の為吉に袴を着せて、大小の刀を帯びさせています。これは為吉をにわかに供侍に仕立てているのです。もちろん件の菓子は供の為吉が持ちます。安藤屋敷を訪ねたとは言っても、直接主人に会えるわけではありません。用人に口上を述べ手土産の菓子を渡すと、用人はさっそくに奥へ取り次ぎ、奥様が「きつう御歓」ばれたことが伴四郎に伝えられて挨拶も終わります。勤番侍にとって、こうした要路への、挨拶は欠かせないものでした。

伴四郎は、どのような菓子を持参したのでしょうか、身分的に大きな隔たりのある人への贈り物ですので、きっと上等な菓子を選んだことでしょう。材料を吟味して、砂糖も品質の良い白砂糖や氷砂糖を使った菓子は、上菓子と呼ばれていました。この時に持参した菓子の代金は銭一貫百十九文（約二万二千三百八十円）、伴四郎が普段食べる一つ八文や十六文といった菓子と比べれば、その高価なことがわかります。

上菓子は元禄時代（一六八八～一七〇四）頃に京都で誕生し、ほどなく江戸へも進出しました。当時、江戸で上菓子を商う上菓子屋の中でも、京都に本店を持つ店は「下り京菓子屋」として別格の存在でした。しかし、時代とともに江戸地生《じば》えの上菓子屋も増え、幕府の御用を勤める店も生まれています。

『江戸自慢』では江戸の菓子について、かなり手厳しい評価を下しています。一部を要約してみましょう。

「菓子は京都・大坂より随分と劣っている。（略）特に饅頭が下手で、皮は厚く娼婦《おやま》の臍《へそ》の下のようで、芸子のほほも片寄ってしまいそうだ」とあり、あまりと言えばあまりな言われようです。しかし、「餅菓子類は上等なものでなくとも、大変美味しく、おてつ牡丹餅、永代団子、今坂餅などは姿も奇麗で風流」と絶賛しています。実はこうした餅菓子や団子などが、江戸の庶民達が育てた江戸前の菓子なのです。墨堤の桜餅や日暮里の羽二重団子など、現在に続く菓子も少なくありません（171頁参照）。

安藤屋敷への挨拶を無事に終えた伴四郎「主従」、上野へ赴き不忍池の弁財天を参詣しています。そこで湯豆腐、玉子焼き、香の物を肴に酒を一合飲み、足を延ばして浅草寺を参詣して、甘酒を二杯飲み、六ツ時（午後五時頃）にご帰還。どうも伴四郎の江戸暮らしは悠長に見えます。

伴四郎、政変を知る

伴四郎の日記にお付き合いいただいていますが、ご覧のとおり基本的にのんびりとした雰囲気で、初めての江戸生活を楽しんでいる様子が描かれています。政治や社会情勢に関する記述はなかなか出て来ません。そんな中で珍しく伴四郎が政治向きについての感想を書いている部分があります。

江戸生活を始めて間もない六月四日の夕方のこと、和歌山藩付家老安藤飛騨守が赤坂藩邸の御殿に入った所、五十人ほどの藩士が飛騨守の行列の後へ「どつと連込」んだというのです。これに先立って早馬が「何方」へ出向き、藩の重臣が江戸城へ登城してもいます。伴四郎は「何事か不穏なる事」と日記に書いています。

しかし、そこは伴四郎、小者の為吉と連れだって四ツ谷辺に「遊ニ」行って「色々買物」をして、六ツ半時（午後六時頃）に帰宅しました。ちなみに小遣帳によればこの時の買物は、髷を結ぶ元結、白砂糖、蓋物（食器でしょうか）、線香、反古（使い古しの紙）、歯磨、根深ネギでしめて四百二十四文、本当に色々です。

ただ戻ってみても安藤飛騨守は、御殿から下がってはおらず、藩士たちも裾を紐でくくり、下が脚絆仕立てになっている裁着《たつつけ》や西洋袴（ズボンでしょうか）を着用、いずれも戦闘に適した服装です。さすがの伴四郎も「何レ異変の事と」思いつつ眠りについています。なにやら伴四郎のような下級武士、それも衣紋方の者には測り知れないことが起きているようです。

ただ翌日起きてみればいつもと同じ日常でした。朝四ツ（午前九時頃）御殿に出勤、小姓らに衣紋の稽古をつける前に台所をうろついて、「御肴料理」を見物するのんきさです。ただ、叔父が昨夜の異変の状況を聞いてきました。安藤氏と同じく付家老の水野土佐守が隠居の上、領地新宮で「慎ミ」つまり謹慎を言い渡されたとのことです。この措置は実は幕府の命によるものでした。

日記に「人々は大歓」とあり、藩士たちがこの措置に大喜びしたことが記されています。これには理由があります。幕末の和歌山藩は江戸派と和歌山派（国許）に分かれて政争を繰り返していました。和歌山派は経済官僚を中心にしたいわゆる改革派でしたが、後ろ盾となっていた隠居治宝《はるとみ》（十代藩主）の死によって、一掃されてしまいます。それによって力を得た江戸派の中心人物が水野土佐守でした。一掃され処罰された人物の一人に坂本龍馬の海援隊から出て、明治政府の外務大臣を務めた陸奥宗光の父、伊達宗広がいます。

水野土佐守の名は忠央《ただなか》、学問に深い関心をいだいた人物でしたが、彼を有名にしたのは、十三代将軍家定の後継者争いに際して、将軍の有力候補であった一橋慶喜に対抗して、井伊直弼らと連携の上、和歌山藩主徳川慶福《よしとみ》を擁立し、十四代将軍家茂とした事です。水野家は代々将軍家に対して家臣の家臣、いわゆる陪臣であることに不満を持っていたと言います。そのため家茂のもとで幕府直臣となることを願い、そのような行動をとったとも言われています。しかし、この年三月三日の桜田門外の変によって目論見も崩れ、隠居の上謹慎となったのです。いずれにしても伴四郎たちにとっては、失脚を大喜びする対象だったのです。

伴四郎と叔父様のお仕事

九月十四日

晴天、直助も出勤、例刻より叔父様と両人出殿いたし候、さて今日より直助予両人代り〳〵留守いたし、飯焚かつ火の元用心いたし候様残る　上へは矢張皆出殿の積りにて候、叔父様はかならず出殿いたし候はねは不都合の品々これあり候

（略）

叔父様たちのご出勤です。すでに紹介したように御長屋で同宿の酒井伴四郎と叔父宇治田平三、大石直助の三人は同じ役職でした。ルーズな性格で、伴四郎達のヒンシュクをたびたび買っている叔父様も、職場ではなくてはならない人物のようです。叔父、宇治田平三は膳奉行格衣紋方、難しげな職名ですが殿様の装束に関することの責任者でした。江戸時代の大名や旗本は、江戸城中は元より自邸や私的な場におい

ても、そこにふさわしい装束が求められていました。

一口に装束と言っても、時と場所によって細かな決まり事があり、和歌山藩でも、衣紋道の流儀や有職故実に通じた人を衣紋方に任じていました。宇治田の家は代々衣紋方を務めていたので、平三も若い頃から修業を積んでいて、和歌山藩の衣紋方にとってなくてはならない人物でした。ただ、役職に重きをなした平三と、伴四郎の日記を通して見える彼の姿のギャップにちょっと驚かされます。

伴四郎の主な勤務は、藩邸内の御殿で平三の指導を受けながら、着付けや装束に関する様々な稽古を小姓などにつけることでした。いわば叔父様は上司であり、師匠にあたるのです。この叔父の衣紋道に関する知識はなかなかのものであったようです。

少し様子を見てみましょう。

ある日、御用部屋の日記方をつとめる根来運平太が訪れ、新調する指貫《さしぬき》（裾を足首で結ぶ袴）について問いただしてきたので、詳しく説明をしたところ明日文書にして差し出せという指示です。日記方というのは藩邸における記録係、指貫の新調について記録する上での必要事項を調べに来たのです。次のような質問もされました。それは幕府の老中が衣冠を着けて威儀を整える必要がある時に、その都度足袋を着けたいとの願いを出しているのはどういう訳かと言うのです。叔父はその場で、本来衣冠を着ける時には襪《しとうず》（沓《くつ》の下に用いる布製のはきもの）を用いなければならない、しかし公家が零落して以降は用いなくてもよくなったが、武家は足袋着用の許可が必要と答えており、伴四郎は「大に発明いたし」と感心しきりです。

平三達の元には、殿様の身辺に仕える小姓達が稽古に来ています。殿様の身の回りを世話する小姓には、衣紋の稽古が必修でした。

これまでは三人そろっての稽古でしたが、今日から伴四郎と直助は交代の勤務です。叔父様は稽古になくてはならない人なので、必ず御出勤です。残った一人は、火の用心や飯炊きのための留守番をしていました。

伴四郎の衣紋稽古はどのようなものだったのでしょうか、その一例を紹介しましょう。

十一月二十四日
晴天、朝直助に髪結貰、夫より両人出殿、昼後五郎右衛門供に連れ、三人連三井殿へ参り、当主の弟に逢、夫より直助御形に成、叔父様後、予前にて衣官（冠）を着け、又三井家来御形に成り、直助前、予後にて束帯着け（略）

十一月二十四日、叔父平三、伴四郎、直助は、五郎右衛門を供侍に仕立てて三井家を訪問しています。当主の弟に挨拶の後、三井家の家来二人も一緒に衣紋の稽古です。まず直助を「御形」に仕立て、平三が後ろから、伴四郎が前から衣冠をつける練習を行いました。その後で三井家の家来が御形になって直助が前、伴四郎が後ろから束帯を着ける練習です。日記にある「御形」とは着付けの実験台になる人のことです。

三井家というのは豪商三井家のこと、家来とあるのは奉公人のことです。いくつかある三井家の内、伴四郎達がどの家を訪れたかはわかりません。本家でしょうか。稽古の後にはご馳走が用意されています。吸物としてぼらの味噌汁、口取肴は蒲鉾、寄せ物は芋、栗、なが芋、玉子巻、ぼらの刺身と貝柱に生海苔と大根があしらわれていました。それらを肴に酒をしたたかに飲み、最後に蒲鉾の味噌汁、平皿に盛られた芹、椎茸、蒲鉾、麩で飯を食べて、菓子の土産まで付いていました。さすがに江戸きっての豪商三井、伴四郎も「御馳走」と記しているくらいの歓待です。それにしても日頃仲の良い五郎右衛門を供侍として連れてきたのは、御馳走に御相伴させる目的もあったかも知れません。

三井家のような大店の商人達も衣紋道の知識が必要だったのでしょうか、あるいは越後屋呉服店を経営する三井家のこと、衣冠束帯に関する知識も必要だったのでしょうか。いずれにしても衣紋の稽古の必要があって、和歌山藩に稽古を依頼して、伴四郎たちが訪れています。なお、三井一族の総本店とも言うべき大元方は京都にありますが、元々は和歌山藩領松坂の出身です。

翌日、伴四郎が代表となって、三井家にお礼の挨拶を済ませていますが、二十八日にも叔父様と伴四郎は三井家に稽古に出かけ、最後に蒲鉾の味噌汁、蒲鉾、いなだ、椎茸、ながいも、芹の平皿に茶漬けをご馳走になっています。こうしたご馳走を日記に記すのも伴四郎の楽しみだったのでしょう。

次に伴四郎の勤務状況を紹介しましょう。五月二十九日に江戸に到着した伴四郎、六月三日には初出勤、しかし六月の勤務は六日間だけでした。それも四ツ時から九ツ時の勤務、現代風に言えば午前十時頃から正午までの勤務時間です。先ほどの留守番は昼の御飯を炊いていたのです。

翌七月の勤務実績はありません。早い話が一日も働いていません。八月は午前八時頃から正午までに勤務時間が延びていますが、勤務日は十三日間でした。以下九月十一日間、十月八日間、十一月は九日間といった具合です。

日記を読んでいると、伴四郎が実によく江戸の町を歩いていることに驚かされますが、これだけ時間をもてあましていればこその江戸見物だったのです。

冬支度と名物おてつ牡丹餅

九月二十一日

朝曇る、昼後晴天、直助は渋谷御屋敷内竹内孫之進方へ遊ひに行、予は八ツ時頃より麹町へ行、名物おてつにて牡丹餅・そう煮など喰、それより四ツ谷へ行、こたつの火鉢を買、美濃紙など買帰り候、ほどなく直助も帰り、予は湯を涌《わか》し、皆々腰湯をいたし候

万延元年九月二十一日は、新暦に直して十一月三日、そろそろ肌寒さを感じる頃です。伴四郎は、藩邸近くの四ツ谷に出向いて、コタツに入れる火鉢を買っており、はじめて迎える江戸の冬支度です。

火鉢を買う前に麹町で牡丹餅を食べています。麹町は、和歌山藩中屋敷にあった赤坂にほど近く、現在の千代田区麹町、隼町、平河町のあたりを指します。近くに屋敷を持つ大名、旗本やその家臣相手の商家も多く、山の手でも一番の繁華な町で、古くから「毎日市立つ」にぎわいでした。伴四郎も度々買い物などに訪れ、牡丹餅を食べ

ています。
うるち米やもち米を炊いてすり鉢にすりこ木で簡単に搗《つ》いた状態には「半殺し」という物騒な名が付いています。牡丹餅は搗いた米のまわりに甘く煮た小豆を巻いたり、黄粉などをまぶしたりした食べ物で、家庭でも手軽に作られていました。牡丹餅は宮中の女房言葉では萩の花とも言い、おはぎという名が生まれています。牡丹餅とおはぎは、粒餡とこし餡の違いや、春と秋など季節の違いから区別されたとも言われますが、牡丹餅が元だそうです。伴四郎も牡丹餅とおはぎの両方を日記で併用しています。

　牡丹餅は、春や秋のお彼岸に付きものの食べ物、江戸時代には自家製の牡丹餅を贈答し合っていました。伴四郎の日記にも、貰った牡丹餅を「至極良い出来」だったと記しています。ただ、彼が日頃食べていたのは町の菓子屋の牡丹餅で、牡丹餅の記事が日記にも度々記されているところを見るとかなりの好物だったのでしょう。

　九月三日、芝日影町の店で牡丹餅を食べた時には、「これは白砂糖で作ったもので、大いに甘い」と感想を記しています。ということは、ふだん食べる牡丹餅は黒砂糖が普通だったのでしょう。伴四郎が麹町で食べたのは、麹町名物おてつ牡丹餅のことです。小豆、黄粉、胡麻の三色の小さな牡丹餅で、江戸の名物として知られていました。藩邸にも近く、好みに合ったのか伴四郎もよく食べています。この時の小遣帳には

伴四郎も好物のおてつ牡丹餅。『新版御府内流行名物案内双六』（部分、国立国会図書館デジタルコレクション）

「四拾八文　おてつ餅」とあります。

「助惣とおてつ近所でうまい仲」という川柳は、同じ麹町三丁目の助惣焼とおてつ牡丹餅を詠んだもの、伴四郎の身近に江戸を代表する名菓が二つもあったことになります。この助惣焼というのは「助惣ふの焼」のこと、小麦粉生地を薄くのばして焼いて、中に餡を入れて四角に折りたたんだ菓子です。その姿は「助惣に布団をたたむ春ごたつ」という川柳からも想像することが出来ます。

ちなみにこの六年ほど前の安政元年（一八五四）に、牡丹餅を食べると炎暑に当たらないという流言が広がり、各家で牡丹餅を作ったために江戸中の搗き米屋ではもち米や白米を、粉屋では小豆の粉を切らし、菓子屋には大勢の人々が牡丹餅を求めて集まって大混雑だったそうです（『聞のまにまに』）。

勤番侍と出入り商人

六月二十一日
（略）さて毎日〳〵漬物商ひに参る勝助と申者方より参りくれ候様、毎々申来候間、皆々同道にて参る、大に馳走に逢（略）

藩邸には、実に多くの御用商人が出入りしていました。明治初年の例ですが、九州佐賀の蓮池藩（五万二千六百石）の場合でも、五十店ほどの商人が確認出来ます（岩淵令治「旧大名家当主嫡子の食生活と東京の商人職人」）。江戸時代、それも御三家五十五万五千石の紀州和歌山藩には、いったいどれくらいの商人が出入りしていたのでしょう。ただ出入りの商人と言っても、藩主や家族あるいは藩邸に必要な品物を納入する商人から、勤番侍を相手に商売をする商人まで様々でした。

伴四郎たち勤番侍も藩邸出入りの商人から、調味料や食品あるいは酒など日常の生活に必要なものを買っています。また、勤番侍と商人たちの間には、商売に限らず様々な交流があったようです。右の日記には、藩邸に毎日漬け物を売りにくる勝助という者が、一度自分の所へ来てくれと度々誘ってくるので、仲間数人と訪ねてご馳走にあったというのです。一種の接待でしょうか、漬け物商売で、あまりご馳走ばかりしていては儲けにならない気もしますが、いかがでしょう。

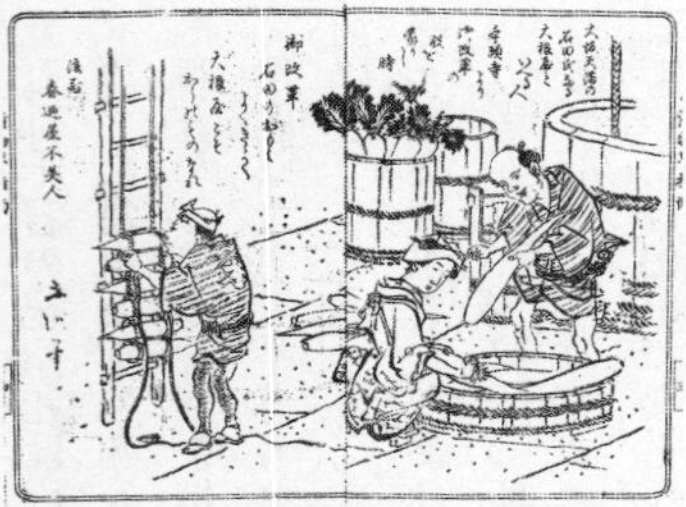

漬物用の大根を干す。『漬物早指南』（国文学研究資料館作『古典籍データセット（第0.1版）』）

『江戸自慢』でも出入りの商人について触れています。それによれば毎日来る魚屋、八百屋達は、暑中や寒中に必ず進物を届けてくれ、売り物も正札でこちらから値切る気遣いもないということです。一般に勤番侍にとって暮らしやすい環境だったようです。ただし、和歌山に比べて非常に応対の丁寧な江戸の商人ですが、中には、安心のならない店もあり、芝日影町の古着屋などを例として上げて、「鴉《からす》を鷺《さぎ》に仕立てる」と注意を促しています。筆者の原田氏も被害にあったのかもしれません。

こうした商人から買うのは品物だけではなく、巷の情報なども仕入れています。たとえば七月二十日には煮付屋から「今日は壱分銀、拾匁ならでは通用いたさず」という話を聞き込んできます。当時の通貨は、日常使いの銭と定量貨幣の金、重さが単位の銀に分かれており、それぞれに交換比率があって、その相場が毎日のように変わります。特に物価高騰のはげしい幕末の江戸となれば、通貨の相場は大切な情報でした。この時の情報は、金一分の価値のある「壱分銀」が銀十匁の価値でしか通用しないというものです。そして早く両替することを勧められています。伴四郎は、「あやしき」こととして話には乗っていません。噂の真偽を判断することも大事な生活の知恵です。

この話には後日談があり、同日叔父様が坂下辺りで聞いたところでは、どこの店でも壱分銀を受け取ってくれないというのです。こうした日常使う通貨が不安定になるのは困りもの、しかし騒ぎは、金銀の交換相場を利用してひと儲けをたくらんだ「山師」の仕業で、翌日には十八人が召し取られ、壱分銀の流通も元に戻ったということです。この情報も上総屋と岩見屋から仕入れたものでした。

日記には多くの出入り商人たちが登場します。酒、酢、醬油は岩見屋から買っていますが、酒は中七という者からも求めています。米は平川町の大和屋に頼んでいますが、大和屋には藩から支給された米を預けてあり、余れば現金に換えています。

四ツ谷鮫ケ橋の上総屋は漬物屋ですが、味噌なども買っています。また襦袢の洗濯や下駄の修繕を頼んだり、買い物途中で物を預かってもらったりもしています。伴四郎の江戸生活には欠かせない存在でした。一例をあげておきましょう。七月五日上総屋に「布襦袢」の洗濯をたのみ、八日に洗濯賃二十文（約四百円）を内儀に渡しています。その上、上総屋には、門限に遅れた時に門番に渡した「まいなひ」を借りてもいるので、個人的にも相当に親しい付き合いだったことがわかります。

『江戸自慢』にも、出入りの商人たちからは暑中や寒中などに進物があるとあります。伴四郎も大和屋、上総屋、岩見屋から素麺をもらっています（七月六日、九日）。六日の時には祝儀とあるので、七夕の祝でしょう。九日の上総屋は、直助にも手拭を一筋くれていますが、「是ハ髪結候礼ト相見」えると書いています。直助は伴四郎ほかの勤番者の髪を結ってあげていますが、商人の髪結もしたのでしょうか。ほかに柏屋から貰った白玉粉は、月見団子に化けました（223頁参照）。

九月二十四日、いつも酒を買う中七が長屋を訪ねてきたので、昨日の豚肉の残りで一杯やろうと酒を一合買いました。代金を一朱で払ったのですが、釣り銭は二百八十文の所、三百六十八文もくれて「八拾《（ママ）》四文の徳」と喜んでいます。伴四郎も結構セコイところがあります。

ただし、出入りの商人といっても安心ばかりは出来ません。十月二十三日夕方、相模屋が伴四郎に無理やり魚を売りつけて帰って行きました。なかには強引な出入り商人もいたのです。小遣帳を見ると、この日に藩邸内で「馬鹿むき身」（アオヤギの殻を取ったもの）を十二文で買った記録があります。ほかに「魚」の記述はありませんので、「魚」とは馬鹿貝を指したのでしょうか（ただし日記、小遣帳ともにたまにですが、付け落ちがあります）。

七月二十八日

晴天南風吹、五ツ時比上御登城、赤井白井両人稽古場行、直助を誘に来る、上総屋の咄に一昨日の大風より米は百文に四合九勺売にて大ニ困との事に候、大和屋糠《ぬか》持来る、岩見屋通イ取に来る（略）

一昨日の大風以来、米の値段が上がっているという話は、上総屋から聞いたもの、大風による米の作柄の影響が売値に出ています。また、大和屋は糠を持参していますが、これは入浴用の糠袋に使うのでしょうか。出入り商人との取引は、掛売りで帳面に品名や値段を付けます。日頃醤油などを買っている岩見屋が「通イ」を取りに来るというのは、取り引きを記した通帳《かよいちょう》を取りに来たものと思われます。岩見屋への支払いは一か月ごとでした。

勤番侍の江戸生活は、彼ら出入り商人の存在なくしては語れないものがあります。また、彼らとの交流を通して、勤番侍も江戸に馴染んでいったのでしょう。

勤番侍の病気

伴四郎たち勤番侍も良く病気になります。日記に良く出てくるのは腫物や便秘や腹下しや風邪などです。しかし、そうした病気のなかにはちょっと首をかしげたくなるというか、自業自得と言いたくなるものもあります。例えば叔父様こと宇治田平三の大食いぶりについては後に詳しく紹介しますが、彼は腹下しをしていても「(何でも)むしやむしや」(八月八日)とよく食べているので自業自得です。

伴四郎はどうでしょうか、彼は風邪薬代わりによく豚を食べ、一緒に酒を飲んでいます(106頁参照)。このようなことはよくあり、例えば九月二十三日には永代橋で永代餅、両国回向院ではあわ雪に飯と鮨を三つ食べ、大通りで豚、山下御門で生鮭の切り身を買っています。日記には「今日は大奢り、昨夜より少々風邪気ゆえ、薬代りに奢り申候」とあくまでも、風邪を治すためと強調していますが、もちろん酒も二合は飲んでいます。ここに出て来る永代餅は幕末に流行った永代団子、あわ雪は豆腐に摺りおろした山芋をかけた淡雪豆腐のことでしょう。

十月十九日は風邪にもかかわらずつらいお庭拝見(197頁参照)、新暦では十二月一日にあたる日の海辺で、その上風雨に見舞われ心底冷え切りました。帰りにそば屋に入って、皆がかけ蕎麦にもかかわらず鶏鍋に酒二合を飲んで、その勢いで帰り道を急ぎましたが酔いも醒めてしまい。しかたなく途中で「まぐろのあら」を買い、長屋で「やけから酒三合」を飲み切って大酔、おかげで汗をいっぱいかいたので、酒も薬代わりです。

日付はさかのぼりますが、八月二十二日、四ツ谷で買い物に行った時、ここ二、三日通じがないので「薬替りにそば二ツ」食べています。そばを便秘薬代わりに仕立てています。効き目のほどは日記に書かれていないのでわかりません。このぐらいなら良いのですが、同じ長屋の直助が大病にかかってしまいました。

九月二日

晴天、直助は同様の内一物の浮少々引、胴気《（動悸）》静り候、（略）さて又直助事色々心配いたし、医師も三人まで替、此節御台所御門番の利助と申者に懸りこれあり候ところ、今日まで八日の間五拾服も薬を呑候えども、聊能はなく、浮も取れぬ故、大に立腹いたし、利助を呼に遣り、大に理屈を言候へは、利助も当惑いたし、左様なれは、我心安き尾張様の医師に一度見て貰なられとて、呼に参り候ところ、

宵に同道にて来り、まず同意にて暫辛抱いたされよと申（略）

最初の兆候は八月四日のことでした。直助は風邪気味で床に臥せっていたのですが、なかなか回復せず、六日に医師の玄潤に往診を頼んで薬を貰っています。玄潤は出府早々から、伴四郎たちが何かと世話になっている医師で、いわばホームドクターです。日記に「村上与兵へ殿付添」「村上屋敷内医師」などと書かれているので、和歌山藩士村上与兵衛の参府とともに江戸に出て、藩邸内の村上屋敷に住んでいます。村上与兵衛家は代々家老を勤め、三千五百石という高禄の家なので（『南紀徳川史』第五冊）、藩邸内に特別に屋敷を拝領して、医師も帯同しての勤番なのでしょう。

それでも直助の容態は変わらず熱も出て、七日には今評判の「瀧脇の熱さましの薬」を弟の民助が赤坂一ツ木の紀伊国屋で買って直助に飲ませています。しかし、高熱が続き食も細ってきました。この頃から直助を見舞いに訪れる人の名が日記に記されるようになり、十一日には五郎右衛門が直助に「くこうの芽」、十三日に鈴村三之右衛門の家来甚之助が「冨士山え生し候熱さまし」の「妙薬」を持って来てくれました。くこうは葉に解熱効果のある枸杞《くこ》の事、妙薬の正体は不明です。しかし直助の病状は「爾々不致《いよいよいたさず》」、ますます悪化して、十五日には「顔・足・御道具（局所）へ浮が来ふくれ上り候」というように、ひどい腫れが出てくる始末です。

　こうした状況に困り果てて、十九日には赤沢という蘭方医に診察を受け、薬も貰うようになります。ただ、その後も玄潤の往診の記述もあるので、両方の診療を受けたのでしょう。とうとう二十四日には、藩邸内台所門番の利助の投薬を受けています。この人は紀州日高出身の「素人医者」との事、玄潤や赤沢では埒があかず素人に頼ったのです。とは言ってもなんらか利助の評判を聞いての依頼だったのでしょう。

　そして先の九月二日の日記になるのです。直助の症状は相変わらずなのですが、浮(腫れ)も一物(局所)は少し引き、動悸もおさまって来ました。しかし、医師を三人まで替え、八日間に薬を五十服も飲んでもあまり快方に向かわない状況に立腹の伴四郎です。利助を呼びつけて文句を言っています。困った利助は知り合いの尾張徳川家の医師を紹介するとのこと、しかし、その医師も今しばらくの辛抱というばかりです。ここで興味深いのは「素人」ではあっても、医者同士のネットワークがあって、なにかあった時には助け合っていることです。以前、幕末から明治にかけての武蔵国国分寺村(現国分寺市)の医療状況を調査したことがあるのですが、医者のなかにはきちんと修業した者もいれば、はなはだ怪しい人もいました。江戸時代には「素人医者」の活躍の場があったのです。

直助の症状は九月五日には「追々快方」むかい、十日には「追々快気」して、この日から炊事当番も引き受けてくれるまでになりました。一か月続いた直助の闘病も終わりです。しかし、これは素人医者の薬のおかげだったのでしょうか。

第三章

男子厨房に入る

——江戸の食材と料理

夏にはどじょう

六月二十四日

（略）八ツ時比より渋谷御屋敷内へ叔父様・予・為吉同道にて参り、小林は留守、高岡留守、小野田清助方にて居留り、一盃出、馳走はあじの干物からスミ・又いさぎ・いも・ぜんまいの甘煮、どぜう鍋にて振まわれ、七ツ時過出立（略）百人町にて汁粉二つ喰、また坂下にて寿し二つ喰、六ツ時頃帰着

江戸へ出てほぼ一月、はじめて過ごす江戸の夏です。この日、伴四郎達三人は和歌山藩の支藩である伊予西条藩の渋谷藩邸を訪れ、小野田清助にご馳走を振る舞われています。酒の肴は、あじの干物、からすみ、いさきと芋にぜんまいの甘煮そしてどじょう鍋です。伊予西条藩は、寛文十年（一六七〇）に和歌山藩初代藩主徳川頼宣《よりのぶ》の次男松平頼純《よりずみ》が三万石で入封し、代々本藩との関係が深く、藩士同士の交流も盛んでした。伴四郎も西条藩士とよく付き合っています。

この日の御馳走、どじょう鍋と言えば、柳川鍋を思い浮かべる人も多いと思います。

どじょうの頭と骨と内臓を取り除いて開き、土鍋でささがきごぼうを入れ味醂、醤油で煮て卵でとじた料理です。

柳川鍋はそれほど古いものではありません。『守貞謾稿』によれば文政（一八一八〜）のはじめ、江戸南伝馬町三丁目（現中央区京橋）の万屋某が、どじょうの骨首と内臓をとって鍋煮にして売り、その後天保（一八三〇〜）初年に横山同朋町（現中央区日本橋）の柳川という店が大いに広めたと言われます。柳川屋は、最初四畳ばかりの客席だったものが、表通りに店を移し、大いに流行ったということです。

それまでのどじょう鍋は、どじょうを丸のまま味噌や醤油仕立ての汁で煮たもので、丸煮と呼ばれています。当時どじょう汁は一椀十六文（約三百二十円）、丸煮の鍋は四十八文（約九百六十円）でしたが、柳川鍋は二百文（約四千円）の高値です。伴四郎たちはどちらの鍋を食べたのでしょう。ちなみに、幕末の江戸でどじょうを売る店は、同時になまず鍋、穴子蒲焼、穴子鍋も商ったということです。

どじょう鍋は伴四郎の好物のひとつでした。外食では一年間に九回、二番目に多い鶏鍋（四回）の倍以上食べています。値段の安さもありますが、美味しさにひかれたのでしょう。ちなみに翌二十五日にはちょっと贅沢をして、どじょう鍋と鮨を四百文（約八千円）で買い求めています。小遣帳に購入場所を「内」と記しているので、藩邸内出入りの商人から買っています。鍋とあるので、調理済みのもの、それも値段からすると柳川鍋と思われますが、年に三回ほどは生のどじょうを購入して自分で調理しています。大体一回五十文ほどでした。

もちろんどじょう好きは伴四郎だけでなく、「味最鮮美」（『本朝食鑑』）や「甚味甘美」（『雍州府志』）と記されるように、多くの人々に賞味されています。

調理法としては、鍋や汁物が一般的ですが、雑炊などもあり、変わったところでは鮨もありました。どじょうの鮨は鮒鮨と同じ「馴れ」鮨で、魚をご飯で漬けて発酵させたもので、ご飯ではなく魚を食べます。どじょう鮨は、室町時代には宮中へ献上された記録も残っていますが、いつしかみられなくなりました。

現在では鍋と言えば冬です。しかし、どじょう汁もどじょう鍋も夏の季語なのです。夏には用水路や沼あるいは川などの水面近くにどじょうが群がり、多く獲れたことにもよりましょう。『江戸自慢』でも江戸のどじょうは夏のものと言っています。しかし、料理書によっては冬のどじょうを上物として扱っています。冬のど

どじょうは今よりもはるかに身近な食材であった。『守貞謾稿』（東京堂出版復刻）

じょうは格別に美味しいということなのでしょう。このどじょう、冬に水のなくなった用水路の地下で、大量に丸く固まって冬眠しているところを掘り出します。穴どじょうとも呼ばれ、どじょう掘りは冬の季語になっています。

御鷹の鳩

七月八日

(略)予髪結もらう、民助も同、それより寒川孫四郎参り、同髪結てもらう、昼まで色々咄し帰り候、昼後一と休みいたし、八ツ時過民助御鷹の餌物鳩持参いたし、早束《(速)》焚、皆々打寄喰、何れもめし、予酒呑、夕方より例の方へ行、帰りかけ、上総屋へ寄り内儀に洗濯賃わたし(略)

今日のおかずは鳩です。それもただの鳩ではありません。「御鷹の餌」の鳩と日記にありますが、御鷹のえさというのは、鷹狩に使われる鷹のためのえさということです。

当時、鷹狩りは将軍から許された者だけが出来る狩で、伴四郎が仕える紀州徳川家も、江戸の郊外に広大な鷹狩りのための場所「鷹場」を拝領していました。将軍家と紀州、尾張、水戸の御三家の鷹場が、江戸を取り巻くように配置されていました。

もちろん狩りの主役である鷹は、ことのほか大切にされ、多くの人が世話をしています。猛禽類の鷹は、うさぎや他の鳥を食べるので、つねに新鮮な生きた小鳥などをえさとして飼っておかなければなりません。えさ用の小鳥に与える虫などは、鷹場の村々から大量に納めさせており、村にとってはそれぞれの領主に納める年貢と二重の負担となっていました。

どのようにして鳩を手に入れたのかはわかりませんが、伴四郎たちは殿様の御鷹の上前をはねてしまったのです。

鳩には多くの種類があり、江戸時代の料理書には、真鳩が食用に良いとあります。真鳩というのは、首の背面に一筋の黒い線があることから、数珠かけと呼ばれる種類の鳩です。調理法としては汁物、煮物や焼き物などがありますが、鳩酒という食べ方もありました。肉と骨をたたいて酒でのばし、きつね色になるまで焼いた味噌といっしょに煮て酒を加えます。山椒や胡椒を加えても味わいがあります。

伴四郎たちは鳩を焚いたとありますので、汁物か煮物にしたのでしょう。料理書にも鳩汁などの名が見えます。また、こくしょう（濃い味噌汁）という料理法もありました。すり鉢でよく摺った味噌を水でのばし、酒を混ぜて細かくたたいた鳩の肉を入れてよく混ぜ、鳩と味噌を等分か、少し味噌を多めにして鍋に入れて煮ます。なお、山椒を入れると良いとあります。伴四郎たちは味噌か醤油のどちらを使ったのでしょうか、知りたいところです。また、「皆々打寄」とある通り、長屋の人々が集まって鳩を賞味しているので、きっと皆の大好物だったようです。

この日、伴四郎は髪を結っています。月に七回程結うのですが、同宿の大石直助に一回二十文（約四百円）で頼んでいます。これも倹約のためでしょうが、扶持の少ない直助にとっては、貴重な江戸暮らしの財源でした。伴四郎のほかにも寒川孫四郎や嶋本兵庫ほか直助に髪を結ってもらう藩士もいて、そのために伴四郎の長屋を訪れています。また、直助の弟民助に髪を結ってもらうこともありました。日記や小遣帳を読んでいて気づくことなのですが、伴四郎は直助の髪結に限らず、陸尺《ろくしゃく》（下男など雑役人）達などに便宜をはかってもらった時などに心付けを渡しています（98頁参照）。目下の者に対して心遣いの礼にお金を支払うというのは、自然なことだったようです。また出入り商人の上総屋の女房に洗濯賃二十文を渡しているのも、単身赴任らしい情景です。

五ツ時から四ツ時（午後八時〜午後十時頃）まで、外で赤子の泣く声が聞こえ、何気なく聞いて過ごしていたのですが、藩邸の門前に捨て子があったとのこと、国元に残してきた娘お歌と同じ位の子と聞いて「大ニ落涙」と記しています。家族、それも幼い娘を残しての単身赴任、思わず身につまされます。

ずいきと長屋のお付き合い

七月十二日
明方より雨降り、朝民助咄に来る、昼頃五郎右衛門ずいき五株くれ、早束(速)飯の菜に焚、五郎右衛門にも皿に一はい遣（略）

当時の勤番侍は、おかずのやりとりもしていました。この日、五郎右衛門からずいきを五株ほど貰った伴四郎、早速に昼飯の「菜《さい》」つまりおかず用に煮ています。もちろん五郎右衛門にも出来上がったずいきを一皿あげています。こうした様子は、市井の庶民が住む長屋と変わりがありません。

ずいきは里芋などの茎のことで、芋がらとも言い、日に干したものを煮炊きして食べますが、生のずいきも味わいがあります。生のずいきのアクを簡単にとり、薄味の汁物にして、すり下ろした生姜と一緒に食べれば暑さを忘れます。ただ万延元年七月十二日と言えば新暦の八月二十八日、ずいきもそろそろとうが立つ頃ですが、生か干したものかどちらだったのでしょう。

伴四郎は、炊いたずいきを皿に盛って五郎右衛門に渡しているので、この時の料理はきっと汁の少ない煮染めだったと思われます。ずいきをくれた五郎右衛門は、伴四郎達の親しい友人で姓は矢野、御小人《おこびと》という職についているので、やはり下級武士のひとりです。五郎右衛門の名前は、伴四郎の日記に三日と空けずに登場しており、五郎右衛門と色々な話や下ネタ咄に興じているので、気の置けない付き合いをしていたと思われます。

前日の十一日、五郎右衛門は伴四郎から冷やそうめんを振る舞われているので、ずいきはそのお礼だったのかも知れません。その他、食べ物のやり取りや、切らしてしまった塩を融通したりと盛んに行き来しており、時には銭一貫六百文と金一分を交換したりと、互いに便宜をはかっています。五郎右衛門は民助と同宿の直助兄弟などと同様、伴四郎の江戸生活に欠かせない友人でした。食べ物のやり取りでは、十月十八日に五郎右衛門から「いわしの煮物」をもらっています。

五郎右衛門の名が日記に登場するのは、それほど早い時期ではなく、出府後半月以上たった六月十八日五ツ時のこと、初日から「咄しに参り、色々あほ噺」をして一時《いっとき》（約二時間）ほど過ごして帰って行きました。それからというものしょっちゅう伴四郎の長屋を訪ねてきます。七月二日から八日などは毎日の事、伴四郎の付き合い状況を表にしていたところ、五日も五郎右衛門の名が見えないと、病気でもしたのか心配になりました。もちろん話をするだけでなく、平川（河）天神などへも一緒に参詣してもいます。

伴四郎の日記によく登場して、話相手や遊びによく行くのは直助、民助の大石兄弟、直助は衣紋方の同僚になりますが、伴四郎は二人のことを「けち連」と日記で呼んでいます。そのほかには白井房吉、岡見菅吉、赤井豊吉をはじめ多くの藩士たちと付き合っていますが、大体同じ下級武士が多かったようです。そして皆が伴四郎の長屋を訪ねて来るということは、伴四郎がそうした付き合いの中心にいたことを想像させます。広い藩邸のなか、いくつかのそうした「サークル」があったのでしょう。とは言っても藩士同士の付き合いにも濃淡がありました。

六月八日
（略）夜五ツ時比近藤兵馬来り、色々世間咄之内に風《ふ》と碁の咄出、さいわい為吉

に碁盤を近藤へ取に遣り、早速壱番打候ところ、四目置させ候て予勝、又為吉汁粉買に遣り、兵馬にも振舞、四ツ時帰る（略）

江戸に着いた日に挨拶をして、色々世話を焼いてくれた近藤兵馬ですが、六月中はよく伴四郎宅を訪ねて来ました。この日も夜五ツ（午後八時頃）に訪ねてきて、世間話の内に何気なく碁の話になったのでしょう。伴四郎の長屋に碁盤はなく、小者の為吉に近藤宅へ取りに行かせて勝負、伴四郎が四目兵馬に置かせての勝ちです。勝ちに気をよくしたのでしょうか、また為吉に汁粉を買いに行かせて、兵馬にも振舞っています。

翌日も七ツ（午後四時頃）に兵馬が訪ねてきて、碁の五番勝負、伴四郎の三勝二敗でした。碁の最中のことでしょう、先に失脚した和歌山藩付家老水野土佐守（66頁参照）が切腹になったという噂話を聞かせてくれました。この話は間違い、いわゆるガセネタというやつです。ただ、藩士同士の付き合いの中で家中のことはもとより、江戸市中の出来事などの情報交換が行われていました。その兵馬ですが、その後だんだん日記に出て来ることが間遠になっていきました。少しずつ付き合いが疎遠になっていったのでしょう。こうしたことは現代の友達付き合いでもあることです。

情報の入手ということでは、藩士以外からの噂話もあります。八月二十一日、直助の往診に来た蘭方医赤沢某は、伴四郎のかつての殿さまで、十四代将軍となっている徳川家茂の婚儀についての話を伝えてくれました。婚儀の相手は「天子（孝明天皇）の御妹君」ということになっているが、実は伏見宮家の姫で、家茂がまだ和歌山藩主であった頃に婚約されていたので、今回は天皇の養女という形での輿入れであるというのです。もっともらしい話ですが、家茂の相手は皇女和宮親子《ちかこ》内親王であることは、確かなことです。虚実織り交ぜて色々なうわさが飛び交っています。

初出勤とご飯のお供桜味噌

六月三日

朝御殿へ出、上には御責馬中にて暫見合候内、表の御座敷御舞台拝見、夫より奥へ出、御座敷・御座の間所々拝見いたし、夫より暫陸尺部屋二階にて休足《（息）》、此所へ刀預ケ、龍之助に厄介に成、四ツ時過又奥へ出、御小姓衆稽古これあり、昼飯に桜味噌買（略）

江戸到着の三日後の六月二日、翌日、叔父、伴四郎、直助に「奥」へ来るように指示がきます。翌日の朝御殿へ行ったところ、殿さまは責馬（乗馬訓練）中とのことで、しばらく時間が空きました。これは三人が衣紋の稽古をつける予定の小姓たちが責馬中の殿さまの近くにいるからでしょう。折角なので、「表」つまり政治向きのことが行われる政庁の御座敷や能が行われる舞台、そして私的な空間である奥へ行って御座敷や御座の間ほか所々を拝見しました。

休憩したのは陸尺部屋の二階です。陸尺は六尺とも書きますが、駕籠舁や掃除、下男などの雑役を務める人々の事で、伴四郎はそういった人々のいる所で休んでいるのです。世話を焼いてくれたのは龍之助、日記にはおるいの甥とあるので、国許の奉公人か知り合いの親戚です。伴四郎が藩邸についた翌日には、鮨を手土産に訪ねて来てくれました。

大刀を差しては稽古も出来ないので、ここに刀を預けました。日記を詳細に読むと伴四郎は出殿（御殿に上がること）する時に、雨であれば陸尺部屋に下駄や傘を預けています。日記によれば正式に出殿した伴四郎達の荷物を預かってくれる所はなく、それぞれ知り合いを頼って預かってくれる人を見つけるのです。直助は別に台所の陸尺部屋に預けています。後のことですが、叔父は手間を惜しんで草履を台所の長持の後ろに隠しておいた所、盗まれてしまいました（九月二十七日）。

龍之助にはその後も何かと世話になっていますが、心付けはしていたようで、翌年十一月晦日に龍之助に二百九十五文、御納戸部屋の陸尺に「手当」として百四十文を渡しています。これは和歌山に帰るための準備などで世話になった礼でしょう。

小姓たちへの稽古が済んで、これから食べる「昼飯の菜」に桜味噌を買っています。買った所を小遣帳では「内」としているので、藩邸内で出入りの商人から買ったと思われます。桜味噌とは、麦味噌に牛蒡や生姜を細かに切って混ぜ合わせた後で、水飴や砂糖などの甘味を加えたなめ味噌（練り味噌）です。『守貞謾稿』に「なめものにさくらみそ、金山寺みそ等あり」と記されています。金山寺は径山寺とも書き、元は中国浙江省径山寺から僧侶によって日本に伝わったと言い、麦味噌に瓜、茄子、生姜や紫蘇《しそ》などと砂糖、塩を入れて熟成させたもので、酒の肴やご飯のおかずになります。伴四郎の故郷紀州の名物で、全国に広まり江戸でも享保頃（一七一六〜三六）から流行しました（『嬉遊笑覧』）。和歌山では現在でもご飯のおかずだけではなく、ほうじ茶で炊いた茶粥に添えて食べるそうです。

ただ伴四郎は故郷の味、金山寺味噌ではなく、同じなめ味噌でも桜味噌に御執心でした。六月三日に初めて購入してから、十八、二十一、二十三、二十八日と買い、七月は十回、十月二十九日までの間に三十五回も買っているので、彼の食卓には欠かせないご飯のお供でした。値段は一回八文から五十文、十六文が一番多いようです。この違いは品質によるものではなく、単に量の違いだったと思われます。鯛味噌や鉄鍋で炒る鉄火味噌を始め、なめ味噌の種類は多く、筆者は焼味噌で燗酒を楽しんだ後の蕎麦に目がありません。

酒の肴にはまぐりを

七月十三日
（略）四ツ谷へ行、直に帰り、昼拾文の蛤買これあり候あいだ、それにて酒壱盃呑候ところ、蛤も不塩梅、酒も呑ず、大いに貧ほふ（乏）

貝類は身近な食材です。はまぐり、しじみ、あさりやあおやぎ（ばか貝）、たにしなど種類も多く、地方によって呼び名も変わっていたようです。また、あわびのような高級なものは、なかなか庶民の口には入りません。余談ですが中華料理の食材として重宝される干しあわびは、江戸時代には長崎を通して中国へ輸出されていました。

残念ながら、われらの伴四郎があわびやほたて貝のような、高級な貝を食べたという記録は残っていません。島村妙子氏の論文から彼の小遣帳に現れる貝を記してみましょう。

焼きはまぐりといえば、桑名。その絵は多く残されている。歌川広重『狂歌入東海道四日市（桑名）』（四日市市立博物館所蔵）

万延元年十一月から翌文久元年十月までの一年間に、はまぐりの刺身（七回・代金九十四文）、ばか刺身（ばか貝、二回・三十二文）、貝刺身（一回・十二文）、しじみ（一回・十六文）、かき（一回・十二文）が記されています。だいたい一回あたり十二文から十六文くらいのものばかりです。値段的にも身近な食べ物でした。しかし、『和漢三才図会』に「民間日用の食となす、価もまた極て賤《やす》し」と記された庶民の味、あさりの名が見えません。伴四郎はあさりが嫌いだったのでしょうか、気になります。この点に関して松下幸子氏は旧版を引用しつつ、江戸時代の大坂周辺ではあさりは取れず、大坂に近い和歌山出身の伴四郎は食わず嫌いだったのかも知れないと言われています（松下幸子「江戸の食文化紀行——江戸の美味探究」82・108回、歌舞伎座ホームページ）。

さて日記の文章です。昼食用に買っておいた銭十文（約二百円）という安いはまぐりを肴に、酒を一杯と思い立ちます。しかし、肝心のはまぐりの塩梅《あんばい》が悪く、結局酒も飲めず、彼はそんな状態を「貧乏」と書き表しています。安物を買って失敗した一例です。

そうは言っても伴四郎は、こりずにはまぐりをよく食べており、先の小遣帳では、他の貝類同様に刺身が多く見えます。ただし、焼はまぐりの名が見えません。はまぐりは焼くのが最上で、煮るのが次いで、生のあえ物もよいと『本朝食鑑』に記されており、今でも焼はまぐりは酒の肴に最適です。焼きはまぐりと言えば伊勢（現三重県）の桑名、松ぼっくりを燃やしてはまぐりを殻のまま、直火で焼き、醬油や山椒を入れて食べます。はまぐりと松ぼっくりは相性が良く、味が良くなると言われていました。伴四郎が焼きはまぐりを食べないのは、好き嫌いが理由だったのでしょうか、あるいはむき身で売られることが多い江戸のはまぐりは焼きづらかったのでしょうか、謎です。

ぼらの潮煮

七月十八日
（略）昼飯のさいに鯔《ぼら》壱疋買、残これあるをうしおに《潮煮》いたし、それにて壱盃独楽をいたし候（略）

伴四郎の日常の食生活は、自炊が基本です。単身赴任中のこととて、安価ないわしを多く購入したり、それなりの工夫がみられますが、他にもかつおやさけをはじめ、思ったより彼の食べる魚の種類は豊富です。

今日の伴四郎は、昼飯のおかずにぼらを一尾買っています。どのように料理したのでしょうか。詳しいことは記されていませんが、残ったぼらを潮煮にしているので、最初は刺身かあらいで食べたのでしょう。

ぼらの新鮮なものは、刺身やあらいになりますし、ほかにも塩焼、煮つけ、焼き物、揚げ物、あるいは鮨やぼら飯などバリエーションも豊かです。また、珍しいものでは、「ぼらのへそ」や「そろばん玉」と言われるものがあります。ぼらは胃の筋肉が発達していて、胃の幽門部の外側がへその形になっているので、それを塩焼きや、つけ焼きにすると美味しく食べられます。

ぼらはいわゆる出世魚です。呼び名は地方によって違いはありますが、三センチくらいの「はく」から、「おぼこ」、「すばしり」、などと変わり、三十センチくらいの「いな」、三十センチ以上の成魚を「ぼら」と呼びます。「ぼら」は成長すると、七十～八十センチほどになるのですが、最後は「とど」と呼ばれます。これは「とどのつまり」もうこれ以上は、大きくならないという意味だそうです。

すばしりと言うのは、簀《す》を設けて竹などで魚を追い上げて取る時に、簀の上を飛び走ることから、この名になったとも言います。江戸のすばしりは、六月十五日の山王祭や神田祭を境に解禁になり、九月になれば「泥味なく、脂多くしていよいよ味ひ美なり」(『物類称呼』)と美味しさが増します。また、気っぷが良く、さっぱりして威勢の良い若者の様子を、鯔背《いなせ》などと言い表します。語源には諸説あるようですが、江戸日本橋の魚河岸の若者が、鯔の背のように髷を結ったことに由来するとも言います。いかにも威勢の良い魚河岸の若い衆の様子が目に浮かびます。

伴四郎は、残りのぼらを潮煮にしています。潮煮というのは、魚介類を塩で味つけした、汁気の多い煮物のことで、古い料理書には海辺で海水を汲んでたいを煮たことが始まりと記されています。魚の頭やアラ、骨のついた切り身から出ただしと塩味が美味しい汁物です。使われる魚はたいを筆頭に、すずきやたら、あるいはあじなど多種多様です。また、はまぐりなどの貝を入れることもあります。

伴四郎はぼらの潮汁で「独楽」しています。ひとりで楽しむ、つまりひとり酒を楽しんでいるのです。共同生活の御長屋暮らしは便利な反面、時にはひとりになりたいもの、このように自分ひとりの時間を、自らの手料理で手酌の酒を飲むことも、彼らのささやかな楽しみでした。ぼらの料理は伴四郎の日記に度々登場するので、現在よりもポピュラーな食材だったのでしょう。

ぼらにまつわる話をもうひとつ。十月二十六日、芝屋敷の辻八助から日頃「心易」くしている直助へ、ぼら二本が到来しました。ところが直助は伴四郎達には振る舞わずに、弟の民助と「分喰」と言いますから、二人だけで食べてしまったのです。伴四郎は、到来物のぼらを誰にも振舞わずに兄弟だけで食べてしまったことを「甚だもっていかがなること」と憤っています。現在でも、親しい間柄同士での食べ物の贈答はよくあることですが、同じ江戸勤番暮らし、ある程度は長屋の朋輩で分け合うことが暗黙の了解だったのでしょう。伴四郎の憤りの原因もここにあるのかもしれません。ただし民助と分け合った直助にも、それなりの言い分はあったと思われます。

紀州和歌山藩は将軍家に次ぐ御三家の家柄で五十万石を超える大藩、江戸にある藩屋敷の数も二十を超えており、それぞれの屋敷に住む藩士同士の行き来も盛んだったようです。

風邪を理由に豚鍋

八月二十五日
（略）今朝より少々鼻垂風（邪）ゆえ、そば屋へ這入、皆の様茶碗盛うんどんを喰、予は薬代りに蛸永《(長)》芋連《(蓮)》根の甘煮にて酒二合呑候、また明日も薬代わりに一盃呑候はんとぶた生百文の買候（略）。

伴四郎は風邪ひきの様子、朝から鼻水に悩まされています。しかし、食欲はあったようで、夕方には同僚たちと平川（河）天神へ参詣のついでに琉球芋（さつま芋）に栗と砂糖を入れて煉り固めた「芋かん」を十二文で三つも食べています。帰りに入ったそば屋ではたこ、なが芋、れんこんの甘煮を肴に薬代わりと称して酒を二合飲み、とても風邪とは思えない食欲です。その上、明日も薬代わりに酒を一杯飲もうと、生の豚肉を銭百文（約二千円）で買っています。伴四郎が参詣した平川天神の北側には、「獣をひさく所あり、寒中すくれて多し」（『江戸砂子』）と言われ、獣肉を売る店が多いことから、俗に獣店《けものだな》と呼ばれていました。また、売られる動物の種類も多く、その解体風景を多くの人々が見物しました。

よく昔の日本人には肉食の習慣はなかったと言われます。しかし、肉食を禁忌とするなかにも、猪や鹿を滋養や健康のために食べることはありました。それを薬食いと呼び、肉を売る店を「ももんじ屋」と言い、店頭には「山鯨《やまくじら》」の看板を出しました。猪をわざわざ山鯨と言いかえるのは、肉食が、けっしてほめられたことではなかったことの現れでしょう。俗に猪は牡丹、鹿を紅葉と称しています。

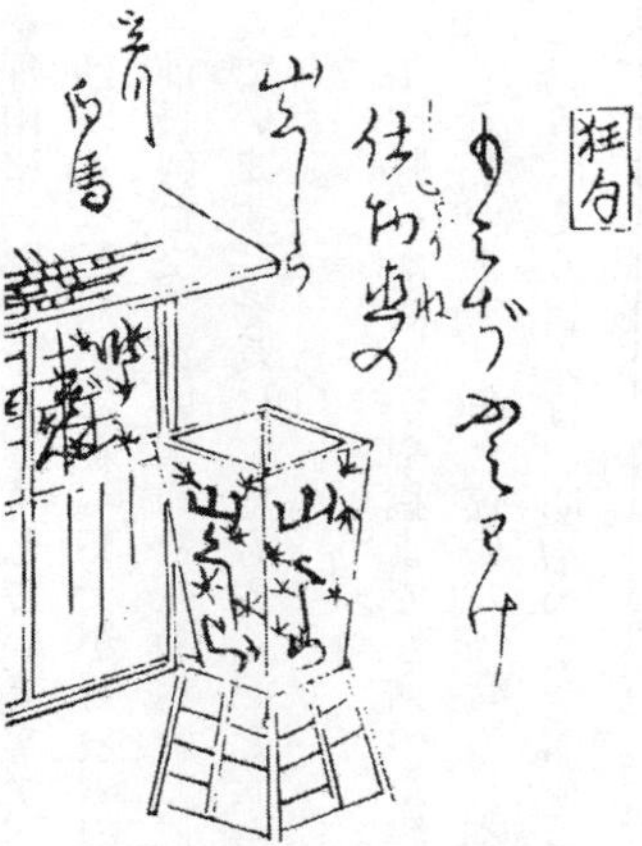

猪の肉は、「山鯨」の名で江戸時代には食べられていた。『誹風たねふくべ十五集』（太平書屋復刻）

伴四郎の場合、猪ではなく豚をよく食べ、外出先でも、豚鍋で酒を飲んでいます。ただ、多くの場合風邪を理由に、豚肉を薬と称していますが、一方で「ぶた買、大おごり」などという文章を目にすると、なにか「薬」が言い訳のようにも聞こえてきます。

前日銭百文で買い求めた生の豚肉で、翌日には「風薬かわり、ぶたにて酒三合呑」んでいます。それにしてもよく酒を飲んでいますが、豚はどのように調理したのでしょう。

牛や豚、かもしかや猿までも食べた儒学者松崎慊堂《こうどう》の日記では、そうした獣肉はすべて煮ています。魚と違い、当時の日本には獣肉を焼いて食べる習慣はなかったのでしょう。そう言えば、明治の文明開化を代表する食べ物も「牛鍋」でした。『武江年表』によれば慶応二年（一八六六）頃の江戸には、牛を羹《あつもの》、すなわち汁物にして売る店が所々に出来たとありますが、幕末の新しい流行だったのでしょう。しかし、日常的に肉を食べ慣れない人にとって、獣肉の臭いは相当鼻についたと思われ、多くは味噌やタレなどで味をつけ、猪同様ねぎと一緒に煮て食べています。

では、豚はどのような鍋で煮たのでしょうか。「こんどから貸してやるなと鍋を捨て」という川柳は、他人に鍋を貸したところ、肉を料理されて臭くなってしまった鍋を捨てた状況を言っているのですが、このように普通の土鍋では臭いが移ってしまいそうです。やはり鉄鍋を使っていたとも思われ、伴四郎も鉄鍋を用いたのでしょうか。

八月十七日に焼鍋を買っていますが、これが肉用の鉄鍋だったのかも知れません。

幕末から明治にかけて新しい文物がもたらされました。先の牛羹の流行も幕末にふさわしい現象です。『守貞謾稿』によれば、江戸の獣肉店は伴四郎の住む和歌山藩中屋敷にほど近い麴町に一軒だったのが、幕末には各所に売る店が増え、横浜開港以降には豚を飼う所も多くなって「鳥鍋・豕鍋と看板を出し鍋焼きで売る」とあります。もう山鯨のような偽称は必要がなくなったのでしょうか、肉食が少しずつ市民権を得ていった様子がうかがえます。鍋焼と言えば鍋焼うどんですが、江戸時代には、魚や鳥肉などを味噌や醬油味で煮ながら食べる料理を言います。

また、伴四郎の故郷和歌山で、ほぼ同じ時代を生きた武家の女性の日記にも、家族のために牛を煮たことが記されているので、われわれの想像以上に肉食が浸透していたのでしょう（『小梅日記』）。いずれにしても伴四郎のような下級武士が、豚鍋を度々食べているのも幕末という時代を感じさせます。

余談ですが、伴四郎の主君だった和歌山藩主徳川慶福《よしとみ》（のちの十四代将軍家茂《いえもち》）と将軍の座を争った一橋慶喜《よしのぶ》（十五代将軍）は、豚好きなことから「豚一殿」と呼ばれていました。

おやつのさつま芋

九月八日
（略）夕方民助来り芋を振まい候、是は八ツ時比余り淋しさに蒸候て喰余りにて候、五ツ時頃帰り候、さてまた朝五郎右衛門来り、芋粥を焚候ところ、塩切し候あいだ少し呉とて持帰候（略）

夕方長屋へ訪ねてきた民助に、蒸かし芋のおもてなし、八ツ時（午後二時頃）頃にあまりの寂しさに蒸かしたさつま芋の残りです。「余りの淋しさ」と言うくらいに空腹だったのでしょう。ちなみに午後の間食を表す「おやつ」という言葉は、八ツ時頃に食べることからきていますが、この日の伴四郎のおやつは、さつま芋だったのです。

この三日前、今年はじめて一貫（約三千七百五十グラム）のさつま芋を五十文（約千円）で買っています。さつま芋は保存も利いて、いろいろな食べ方が楽しめます。

芋を買った翌日には、芋茶粥で朝食です。茶粥は、煎じたお茶で炊いた粥で、時にはさつま芋を入れました。ちなみに和歌山では、現在でも朝食に茶粥を食べる習慣があるとのこと、伴四郎は故郷の味を楽しんだのでしょう。

芋などをご飯に混ぜるカテ飯は、米の節約のためによく食べられており、芋二百匁（約七百五十グラム）は米四合に相当するとも言われ、下級武士にとって美味しさとともに生活の知恵でもありました。先日ずいきを分けてくれた五郎右衛門も芋粥を炊いたのですが、塩を切らして伴四郎から分けてもらっています。きっと長屋中がさつま芋の粥を楽しんだのかもしれません。また、長屋の住人同士の食材や調味料のやりとりも興味を引きます。

伴四郎は、さつま芋を粥にしたり蒸して食べたりしていますが、焼き芋を貰うこともありました。『守貞謾稿』によれば、京都・大坂では蒸芋屋が多く、江戸では焼き芋がほとんどで、京坂に比べて値段も安く、店の数は数えきれないとあります。また、京坂では「ほっこり、ほっこり」と言葉をかけながら売る、巡り売りが多いの

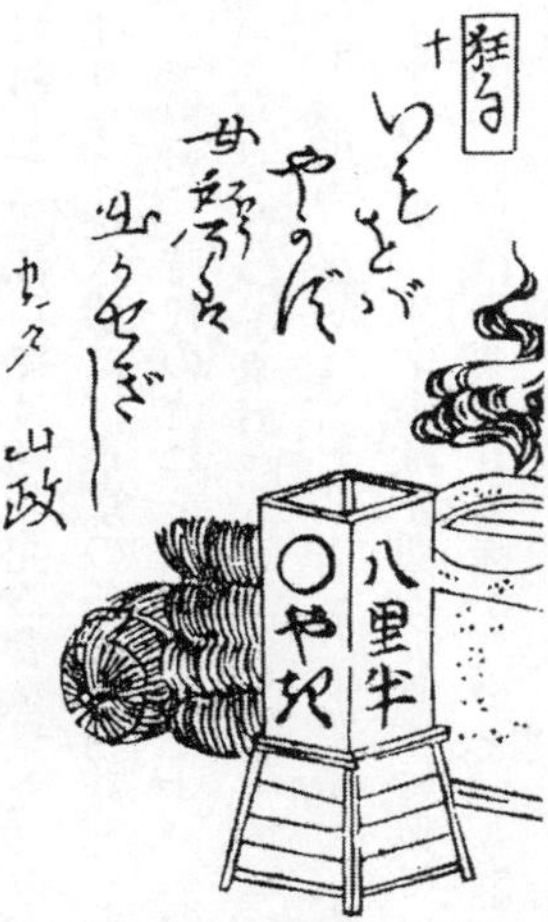

十三里も、八里半も、焼き芋のこと。『誹風たねふくべ十七集』（太平書屋復刻）

に対して、江戸では巡り売る者を見たことがないとあります。現在では軽トラックで売り歩く焼き芋は、東京の冬の風物詩ともなっていますが、ちょっと前まではリヤカーでした。時代の流れを感じさせます。

また、さつま芋の呼び名でも東西に違いが見られ、江戸では「八里半」、京では「十三里」と呼んでおり、ともに距離をしめす里の文字が使われています。江戸の八里半は、さつま芋の味が栗（九里）に似ているが少し劣るという謎かけです。対して京の十三里は、栗よりも味が良いという謎かけと言われています。この違いは味覚の違いと言うよりも、東西に住む人々の気質の違いかも知れません。

この他伴四郎の日記に登場するさつま芋を使った食べ物には、芋羹や芋饅頭あるいは芋饅頭の油揚げなどがあり、すでにさつま芋を菓子として利用していることがわかります。

さつま芋と言えば、甘藷先生こと青木昆陽の名が思い浮かびます。昆陽は、さつま芋の有用性に着目して『蕃薯考』（一七三五年刊）を著し、さつま芋の普及に努めた人物として有名です。

しかし、さつま芋そのものは一六〇〇年代のはじめには、中国福建やフィリピンのルソンを経て琉球や薩摩にもたらされていました。その後、西日本を中心に栽培されていたものが、昆陽等によって関東などにも広められました。栽培の容易さや救荒作物としての利点にも着目してのことでしたが、宝暦年間（一七五一〜六四）には銚子産は上、伊豆大島産は絶品と言われるように、名産地が生まれるまでにさつま芋の生産は発展しています。

さて、冒頭の民助は、さつま芋を食べ五ツ時（午後八時頃）に帰っています。彼は、毎朝毎晩訪ねて来るのですが、煙草をたかってばかりで、煙草のみのくせに煙草入れを持参したことがないと、伴四郎を嘆かせています。

かしわとすいとん

九月十八日

（略）日本橋辺へうろつきに参り、おはぎを喰、京橋の手前にてかしわ鍋喰に這入り、さてかしわを出し候ところ、大にこわく其上腐り候と見へ、大にくさく油気は聊もこれなく、誠つまらん物出し、一口喰て返し蛤鍋と替、それにて一盃呑申候、帰りにすいとんと言物試に一碗喰候ところ、これは味噌汁へうんどんを入これある物にて、中々我々の喰物ならす居《（折）》助の喰物也、それより坂下にて鯖塩物

壱本買、是にて口直しに内にて飯喰申候、今朝折角味物を喰に行、大につまらん事也（略）

今日の天気は曇り、直助や民助と浅草見物の約束をしていたのですが、天気の行方も定かでないことから日本橋へ変更です。おはぎを食べて京橋の手前でかしわ鍋を食べに店に入りました。かしわとは本来「黄鶏」と書き、茶褐色の羽毛でおおわれた日本産の鶏を指したと言いますが、伴四郎の時代には鶏の総称となっていました。

かしわ鍋は、鶏の肉をねぎなどと一緒に味噌や醤油とで煮て食べる料理のことで、そうした料理法を鍋焼と言っていました。日本で最初に印刷された料理書『料理物語』（一六四三年刊）では、十八種の鳥の名をあげており、それは鶴、白鳥、雁《がん》、鴨、雉子《きじ》、山鳥、鷭《ばん》、けり、鷺《さぎ》、五位《ごい》、鶉《うずら》、雲雀《ひばり》、鳩、鴫《しぎ》、水鶏《くいな》、桃花鳥《つぐみ》、雀《すずめ》、鶏の順番でした。現在、もっとも一般的な鳥料理の素材である鶏が最下位の十八番目です。日本では古くから鶏を食用とする習慣があまりなかったのですが、徐々に広まって江戸時代の料理書にも登場するようになりました。それでも鶏の肉が嫌いな人も多かったとあり、食べ物に対する人々の好き嫌いは江戸時代も今も変わりありません。

江戸時代一番格式の高い鶴は特に珍重され、大名をはじめとする人々のための正式の料理に出され、特に将軍が鷹狩りなどで獲った鶴は重要視されており、家臣や大名達に下賜《かし》されていました。また、二番目の白鳥も鷹狩りの獲物として重要で、将軍家から天皇へ塩漬けの白鳥が献上されていました。ただし、一般に好まれた鳥肉は鴨だったようで料理書にも多く登場します。

ちなみに江戸時代の鳥屋では愛玩用の小鳥、いわゆるペットとしての鳥と食肉用の鳥を一緒に売っていたらしく、店先で籠の鳥を相手に注文した鳥がさばかれるのを待つ武士の姿を描いた黄表紙もあります。

では、日記に戻りましょう。九月十八日、京橋でかしわ鍋を食べに店に入ったところ、かしわは「大にこわく」、また腐っているようで臭いまでします。その上油気もなく大変な代物で一口食べて返し、はまぐり鍋をかわりに頼んでいます。鶏鍋は伴四郎の好物なのですが、この時ばかりは大はずれ、はまぐり鍋に緊急避難です。

この日は食べ物に運がなかったようで、帰りに「すいとん」という食べ物をためしに食べたところ、味噌汁にうどんを入れただけのもので、とても自分達の食べるものではなく、「折助《おりすけ》」すなわち武家に奉公する中間《ちゆうげん》の食べるものだと、難癖をつけています。折角、「味物」（美味しいもの）を食べに行ったのに、「大につまらん」目に遭ったと嘆くことしきりです。しかたがないので、最後の締めくくりにさばの塩物を一本買って長屋で口直しをした伴四郎でした。

お土産にうなぎ

十月二十五日

（略）黒田の天神へ行道、中田町にてけち連に逢、また別、天神へ参詣、その前にてどぜうぶた鍋にて酒弐合呑、その所出、それより一ツ木のうなぎ屋へ這入り、うなぎ二鉢にて酒弐合呑、早飯を得不喰、大に酔て帰り、うなぎ一切れつつと焼芋と土産を遣り、くた巻候（略）

この日の仕事を終えた叔父様や「けち連」は昼からどこかへ出かけ、伴四郎も三味線の稽古に行った帰りに「黒田の天神」へ参詣です。黒田の天神と言うのは、九州福岡で五十二万石を治めた大名黒田家の屋敷（赤坂溜池）に祀られた天神様のことで、江戸の人々の信仰を集めていました。江戸には数多くの大名屋敷がありましたが、なかには黒田家の天神様のように大名屋敷の神様が流行神《はやりがみ》になることがありました。

さて天神様へ向かう途中で直助、民助の「けち連」と偶然出会って、また別れます。

お参りをすませ、天神前の店に入った伴四郎は「どじょうぶた鍋」で酒を二合飲んでいますが、これはどじょう鍋と豚鍋を別々に頼んだのでしょう。その後、藩邸近くの一ツ木まで帰ってきたところで、今度はうなぎ屋で「二鉢」のうなぎを頼んで、また酒を二合飲んでいます。都合四合飲んだことになりますが、さすがに酔ったようで、日記にも「大に酔」の文字やくだを巻いたことが記されています。二軒目で頼んだうなぎは二鉢とありますが、一鉢(皿)に一串だったのでしょうか、二串だったのでしょうか、すでにどじょう鍋と豚鍋を食べた後なので一串かも知れません。

うなぎには、白蒸しや酢の物など色々な調理法がありますが、身近なものは蒲焼でしょう。うなぎを裂いて骨を取り除いて、タレをつけて焼く料理法ですが、室町時代にはうなぎを裂かずに、丸のまま焼いた後で切り、醬油と酒を混ぜたタレを付けたり、山椒味噌を付けたりしていました。うなぎを丸のまま串に刺した姿が蒲の穂に似ていることから蒲焼の名が付いたとのこと、なにか蒲鉾の由来に通じる話です。蒲焼は穴子やなまず、はもなどにも用いられますが、なんと言ってもうなぎです。

この蒲焼は、江戸料理発達の過程を典型的に示しています。文政年間(一八一八〜三〇)頃に、江戸で生まれた新しい蒲焼の方法は、関西が腹から裂くのに対して背から裂きます。これは武士の多い江戸では切腹を連想させる腹切りを忌んだためとも言いますが、いかがなものでしょう。そしてもっと大きな違いは、串に刺したうなぎを素焼《しらやき》にしてから、一度蒸して余分な脂を取って、再度タレをつけて焼くところにあります。タレにも江戸っ子好みの砂糖を加え、そこに味醂を足すことによって照りだけでなく、香りや味も一段と良くなり、江戸を代表する味覚のひとつとなったのです。

うなぎについて面白い話があります。享保七年（一七二二）八月九日、江戸の町名主達が町奉行所へ呼び出されました（「江戸町触」）。用向きは、うなぎを辛子酢で食べた者が三人ほど死んだという情報が入ったので、各自管轄する町内のうなぎ屋で真偽をただせと言うのです。呼ばれた名主は町内にうなぎ屋のある者達ばかりです。

本当にうなぎを辛子酢で食べて死人が出るなどということがあったのでしょうか。結論からいうと、この時はそういう事実はなかったのです。では、なぜこのような話になったのでしょう。これは食禁、いわゆる食い合わせの悪いものとして、うなぎにはギンナンと辛子があげられていることによるものと思われます（『伝演味玄集』）。この辛子との食い合わせが辛子酢に結びつき、なにかのきっかけで、「うなぎに辛子酢で人が死んだ」という流言となったのでしょう。こうした食い合わせは、結構現代でも信じられていて、科学的な根拠のないものも多くみられます。余談になりますが、江戸時代の食禁で面白いのをあげてみると、十月にニラを食べると鼻水が多く出る、酒の後にクルミを食べれば頭痛を起こすなどです。

また、この触からは江戸町奉行が、市中のどの町にうなぎ屋があったかを把握していたことが分かります。

したたかに酔った伴四郎ですが、酔っ払いの常でしょうか、お土産にうなぎと焼き芋を持って長屋に戻っています。その日の日記には、江戸詰の藩士達と食にかかわる面白い記述があります。来月三日に藩邸でお祝い事の能が行われるのですが、藩士達も見物が許されて、その上赤飯が下されるので出席者の氏名を明日中に届けろ、というのです。

さて後日下された赤飯ですが、人参三切れと崩し（蒲鉾）二切れに糸こんにゃくが少々おかずとして付いていました。江戸勤番の武士たちは、藩邸の祝い事のご相伴にあずかることも多かったのでしょう。

この日酔った伴四郎は、「誠に面白」い気分で歌を唄ってくだを巻き、叔父様に大いに叱られて、腹も立ち、無言でいると胸苦しくなって吐いてしまいました。それにしても四ツ時（午後十時頃）まで「前後不知」というのですから大虎の伴四郎でした。

倹約家の食材　豆腐

十一月十九日
終日雨天、朝本屋来る。さて今日は少々風邪気身(味)ゆえ中七に酒弐百文の買、焼とふ婦・はふれん草のしたし物にて呑、大に酔、八ツ時比宿状着、夕方叔父様は湯屋へ御出なられ候

今日も伴四郎は風邪気味、長屋を訪れた貸本屋から本を借りて退屈をしのいだのでしょう。当時の本は高価なもので、買うよりも借りて読むのが普通でした。日記に「本屋来る」とあるように、江戸時代の貸本屋は大きな荷を担いで得意先の武家屋敷や商家などを回っていました。

伴四郎は風邪の時によく酒を飲んでいますが、身体を内から温めようというのでしょう。この日もまた大いに酔っていますが、つまみは焼き豆腐とほうれん草のおひたし。倹約家の彼は、安価な食材をよく利用しており、豆腐もそのひとつでよく買っています。一年間の購入回数は七十三回にも及び、そのうち揚げ豆腐が十一回、白豆腐

が十四回、焼き豆腐にいたっては四十八回にもなります。

揚げ豆腐は現在の厚揚げで、豆腐を油で揚げたものです。白豆腐はどのようなものかはっきりしませんが、値段は揚げ豆腐や焼き豆腐の六倍の三十文（約六百円）もしています。ですので買う時は半丁ずつでした。『守貞謾稿』によれば、江戸の豆腐は京や大坂のように白くなく、堅く味も劣っていたとあります。伴四郎の買った白豆腐は、関西風の高級豆腐だったかもしれません。

江戸時代、豆腐は大変人気のある食べ物で、百種類の調理法を記した『豆腐百珍』（一七八二年刊）という本が出版されるほどで、続編（百三十八種）や余録（四十種）なども続いて刊行されています。

豆腐と飯を混ぜた豆腐飯、椀の底に調味した豆腐を置いて、上から飯を盛った埋《うずみ》豆腐、焼き豆腐を煮てわさびで食べる今出川豆腐、豆腐を細長く拍子木形に切って、酒一杯、醤油一杯、水六杯の合計八杯の汁で煮た八杯豆腐をはじめ、実にたくさんの調理法があり、なかにはふわふわ豆腐や饂飩《うどん》豆腐のように、名前だけではよくわからないものもあります。

この当時、最も多く食べられていたのは湯豆腐と田楽です。たしかに伴四郎も湯豆腐を季節にかかわらず食べています。湯豆腐を湯奴とも言いますが、四角に切った豆

豆腐田楽は庶民の身近な食べ物であった。葛飾北斎『北斎漫画　第一巻』（東京美術）

料理自慢と五目ずし

腐の形が、武家の下級奉公人である奴の着物に付けられた方形の紋に似ていることから名付けられました。ちなみに温めずに食べる豆腐は冷や奴です。

焼豆腐は、串で豆腐を刺したりして焼いたものです。当時の豆腐は堅く、串で刺して焼いても形が崩れることはありません。串は二本刺したものが多く、武士を侮って焼き豆腐と呼ぶこともありました。伴四郎がもっとも多く食べたのが、焼き豆腐です。そのまま食べたり、煮たりしていたと思われますが、味噌を塗って焼いた味噌田楽も食べたことでしょう。豆腐は料理法も多く、いろいろ工夫して楽しむことも出来ますが、奴のようにシンプルな食べ方も良いもの、価格だけではなく、今も昔も単身赴任者の心強い味方です。

十月一日

終日雨天、昼にんしんかやくにてごもくすしいたし候、さて具は皆予か刻み、煮付等いたし、飯を焚かけ候ハヽ、直助焚候と申候ゆえ、任させ候えは、大に不出来なる飯を焚、すし大に不塩梅に候えども、仕方なく喰仕廻、予に任させ候ハヽ、宜すし致し候義、さて朔日の事ゆえ、中七に酒壱合買、今日は魚類これなく、漸焼とふふ、また買置の鮭にて呑候（略）夜四ツ時頃予昼の飯のこげにて粥を焚皆々夜食いたし申候

この日の献立は五目ずしです。具はすべて伴四郎が刻んで煮つけ、ご飯を炊こうとした時に、同居している大石直助が炊くと申し出たので任せました。ところが炊き上がったご飯は大いに不出来な代物でした。

おかげで五目ずしもまずいものになってしまい、自分に任せれば良いすしになったものをと嘆いています。具の味付けといい、また飯炊きに対する自信といい、伴四郎はなかなかの料理自慢だったようです。

かやく（加薬）は、関西などでめん類や茶碗蒸し、あるいは飯などに加えて混ぜる肉や野菜などの具を言います。また、伴四郎の故郷和歌山や徳島などでは、五目飯な

どに入れる味つけをした具をかやくと呼んでいます。

数種類の具を飯に混ぜたりのせる料理には、五目飯や五目ずしがあります。伴四郎はすしと記しているので、酢の入ったすし飯を使った五目ずしだったのでしょう。『守貞謾稿』によれば、五目ずしはちらしずしの別名で、すし飯に椎茸、玉子焼、紫海苔、芽紫蘇、れんこん、笋《たけのこ》、鮑《あわび》、えび、または生の魚肉を酢に漬けて、細かく刻んで飯に混ぜて丼鉢に入れて、錦糸卵などをのせるとあります。数人分を大きな器に入れて、一人一人が小皿に取り分ける場合もありました。それにしても随分と豪華な料理ですが、はたして伴四郎たちがこしらえた五目ずしはどのようなものだったのでしょう。彼の普段の食生活からすると、きっと質素なものと思われ、「にんしんかやく」を煮つけたと日記にあるので、具を醤油などで煮た五目ずしと思われます。

ただ、この文章は両様の読み方ができます。人参だけのかやくであったという理解と、人参と他の具を使ったかやくという読み方も出来そうです。素直に読めば人参をかやくにしたということになりますが、人参だけでは、ちょっとさみしい五目ずしになってしまいます。しかし他に具体的な具の名前が出てこないので、やはりさみしい五目ずしだったのでしょう。先の『守貞謾稿』の五目ずしは、一人前百文か百五十文とあるので、握り鮨やそばにくらべてちょっとした値段でした。

さて不出来な飯の運命ですが、粥となって皆の夜食になっています。

自炊の基本　飯炊き

十月二十八日

（略）七ツ時過帰着、玄潤来合咄いたし帰り候、さて飯を喰候ハヽ、はなはだ不出来なる飯にて、粥の不出来を喰ような飯、さて江戸着以来直助の焚飯は始終粥めし、予焚飯は始終強めし。

飯炊きの話をもうひとつ。横浜見物を楽しんだ伴四郎一行（203頁参照）、神奈川で一泊、翌日大風雨と快晴を繰り返す天気のなか、やっと藩邸の長屋に到着、さてとばかりに食事です。ところが出来上がった飯は、粥のようなはなはだ不出来なものでした。どうも江戸に来て以来、直助の炊く飯はいつも粥のようで、自分が炊く飯は強飯と嘆いています。

もちろん飯炊きには、米の研ぎ方や水加減に火加減など難しいことも多くあります。また、自分で炊くご飯の硬さや好みには、常日頃食べていた家庭のご飯の硬さも影響しているようです。

江戸時代の飯炊きの難しさは、自動炊飯器、はては無洗米までが登場する現代とは、比べものにならなかったでしょう。ただ直助は、以前にも大いに不出来な五目ずしの飯を炊いているので、飯炊きは苦手だったと思われます。しかし、苦手と言っても、勤番侍の食事は自炊が基本、どうしても料理の必要に迫られます。日々の生活の中で徐々に飯炊きや料理の腕も上がっていったでしょうし、長屋に住む仲間どうしで料理に関する情報のやりとりもあって知識も増えていったことでしょう。

たとえば江戸出府まもない頃、伴四郎は為吉から、たこと一緒に唐豆を四、五粒入れてゆでると、たこが柔らかく仕上がるという話を聞き込んでいます。唐豆は南京豆(落花生)のこと、南京豆入りのゆでだこを試したのでしょうか、残念ながら日記には書かれていません。

炊事当番

勤番長屋の炊事は当番制で、基本的に飯を炊き、汁を作ったようです。おかずは各自用意しています。たとえば十月四日に叔父平三と小石川伝通院大黒殿に参詣に行った時、四ツ谷で伴四郎は、さより一疋（十四文）、平三は鯡鯛をそれぞれ「飯のさい（菜）」として買い、翌々日には伴四郎が鯡鯛の切り身（五十文）、叔父は海老を買っていることからもわかります。各自好みに合わせて料理したのでしょう。ですので、伴四郎のご飯のお供、桜味噌（97頁参照）も基本的には独り占めだったと思われます。しかし、それも叔父様のお心次第だったかも知れません。

炊事当番は、飯炊きのほか朝夕の粥を作ったり茶漬けの湯を沸したりしています。伴四郎の日記には炊事当番の日には「房事」などと書かれています。この文字を見た時、筆者はあらぬ事を想像して、記述の前後に女性の影を探しましたが、その結果、伴四郎は潔白でした。彼にはすまない事をしたと思った次第です。とは言え、伴四郎の日記に女性や遊所に関する記述は少なく、よく名前が出るのは後に登場する琴春ぐらいでしょう。

さて房事です。三人で暮らす伴四郎たち、上司であり、衣紋の師匠である叔父様は炊事当番には加わりません。自然と伴四郎、直助の両名が担当することになり、二人して長屋の台所を守っています。ただ、八月二日は朝から伴四郎は気分が悪く、なんとか昼飯を炊きましたが、ついに「夕食時分大に気分悪しく」なって、直助に「茶焚」を代わってもらうようなこともありました。

ところが、その直助が八月四日から病気になってしまい、炊事はおろか出勤もままならなくなりました（81頁参照）。病は思いのほか長引き、九月になっても全快しません。やっと九月十日になって「追々快気」に向かい、この日から炊事もしてくれるようになり一安心です。そしてこれ以降も伴四郎、直助が助け合って長屋の炊事を行っていますが、その様子を九月二十九日の日記に「さて、直助病気以来房事は極りこれなく、二人にて助合候」と記しています。

飯炊きの東西

何度か触れてきましたが、伴四郎達は昼に飯を炊いて、朝や夕方は粥や茶漬けなどで済ませています。ここで少し幕末の飯炊き事情をのぞいてみましょう。

『守貞謾稿』によれば、京都、大坂では飯は昼に炊いて、煮物や煮魚をおかずに味噌汁など二、三種と一緒に食べるとあります。伴四郎の故郷和歌山は、上方文化圏に属しているので、彼らも昼に飯を炊いているのです。残った冷や飯は、その日の夕食と翌日の朝食として食べているのですが、どのようにするのでしょう。塩を加えた茶で飯を煮て、いわゆる茶粥にして食べるとあります。たしかに伴四郎の朝食や夕食には、よく「茶粥」「粥」が登場しています。もちろん朝夕ともに茶漬けに香の物で済ませることも度々ありました。

これに対して江戸では、朝に飯を炊いて味噌汁と一緒に食べるようです。どうしても昼は冷や飯になりますが、かならず野菜や魚などをおかずとして添えました。そして夕食の多くは茶漬けに香の物でした。ただし、江戸の大店《おおだな》などでは三食とも飯を炊く場合もあり、二回炊く家もあったようなので、江戸の飯炊き事情は複雑です。

幕末の京都、大坂、江戸ともに現在とは随分と様子が違っているように思えます。電気やガスの炊飯器あるいは保温ジャーの普及で、飯炊きについての比較は一概には出来ませんが、おかずに対する考え方が違っているようです。朝食を簡単に済ませる点は、現在とあまり違いがありません。しかし、現在では昼食よりも夕食のおかずを豪華にする傾向が強いように思われますが、幕末では上方・江戸ともに昼食のおかずに重きを置いていたようです。

江戸時代の料理人の姿。『素人包丁』（味の素食の文化センター所蔵）

また『守貞謾稿』によれば、江戸では上方のように粥を炊くことはまれで、食べる人も少ないとあります。作者の喜多川守貞は、上方の粥は最初は少ない飯をのばして食べる倹約から始まり、広く食習慣として広まって定着したと言っています。

料理道具をそろえる

八月六日
雨天、炊の事、玄潤方え薬取に行、昼頃民助来り候、また高岡主馬今日は御供なりとてわらじかけて来る、また御殿より今日は稽古差支の品出来候あいだ、明日罷出くれ候よう申来候、其請予認《したため》る、さて昨夕の鍋初て叔父様の飯の菜を焚、誠宜嬉しく候（略）夜四ツ時頃まで道中諸勘定仕揚いたし候、夜食に粥喰申候、
終日雨天

男子厨房に入らず。江戸時代の男性は料理などしないもの、と思っていたのですが、どうもそうではないようです。伴四郎は単身赴任という事情からやむを得ずというところもありますが、それでも本人は結構楽しんでいるようです。もちろん身分や立場

によって、料理の仕方も随分と違っていたのでしょう。

さて、八月六日は終日雨降りの一日でした。御殿での衣紋の稽古も都合によりお休みです。この稽古延期の知らせに対して「請《うけ》」、すなわち確認書を認めて提出しています。のんびりした江戸藩邸のようですが、仕事はしっかり管理されていました。

伴四郎が朝から医者に薬を受け取りに行っているのは、叔父様が病気で寝ているからです。また同宿の直助も風邪で高い熱が続いています。家族のいない単身赴任者の病気はつらいもの、伴四郎は叔父宇治田平三や直助に薬を煎じたり、炊事をしたりと甲斐甲斐しく世話をやいています。また民助も毎日手伝いに来ているので、困った時は互いに助け合っています。

この日、伴四郎は叔父様の昼食のおかずを作り「嬉しく」などと日記に書いています。一見、叔父様の食事を作るのが嬉しいように読めますが、実は違うのです。日記に「昨夕の鍋初て」とあるように、前日の夕方に唐金《からかね》鍋を買っています。唐金とは鉄と錫の合金のこと、金属製の鍋を新調したのです。その新しい鍋をはじめて使って叔父様のおかずを炊いたところ、使い勝手が「誠によろし」かったので、思わず嬉しいなどと書いたのです。ちなみにこの時の唐金鍋の代金は、銀七匁二分、銭に換算して八百十文四分（約一万六千二百円）もしました。

道具を使いこなすのも料理の楽しみのひとつ、また道具の種類や数によって出来る料理もおのずと決まってきます。江戸時代は調理法が大いに進歩して、調理道具の種類も以前に比べて増えています。

藩邸の長屋住まいで自炊が基本の下級武士、道具の数や種類も限られているので、必要なものから少しずつ道具を増やしていったのでしょう。だからこそ新しい鍋の使い勝手の良さが嬉しかったのです。そう言えば伴四郎の江戸最初の買い物も行平鍋でした。まずは食事のための準備から江戸生活が始まっていたのです。

では、もうひとつ伴四郎の料理道具を紹介します。

八月十一日

朝雨天、四ツ時比より快晴、民助見廻《(舞カ)》に来り、五郎右衛門は直助にくこうの芽を持来る、昼後一休みいたし、七ツ時頃中七と申酒・醤油・酢・魚煮付物拵商売いたし候者、是に酒壱合・間摘菜したし物・きらすなど買候、さて四日程已前より大便通しこれなく、色々喰物抔用心いたし候えども、矢張通しはこれなくゆえ、酒壱盃呑申候、また此程より相模屋に頼置候摺鉢・摺小木・白味噌持来り、早速夫へ根深を入雑水《(炊)》をいたし、皆々甘《うま》かりしたたか喰申候（略）誠久し振にて少し

通しこれあり大に快事

先程の日記から五日後の記録です。勤番侍の食生活の一端がよくわかる記述なので、少し詳しく紹介しましょう。五郎右衛門が直助に持ってきた「くこう」というのはクコのことでしょうか。クコは解熱剤や強壮薬として使われますが、若芽はクコ飯に、青葉はクコ茶にします。数日前から臥っている直助を心配して、薬として効用もあり、滋養に富んだクコを持参したのでしょう。このように勤番侍達は食べ物などを融通し合っているのです。

自炊が基本の彼等ですが、出来合いの惣菜を買うのは、今の単身者と同じこと、伴四郎もお世話になっています。日記にある中七という店は、酒や醬油、酢などの調味料を商う他に、魚の煮付けなども売っています。伴四郎はこの中七から、酒一合と間摘みと言いますから、間引きした菜っぱ（つまみ菜）のおひたし（十六文）と、きらず（四文）を買っています。きらずとは豆腐のかす、おからのことです。安価で栄養価の高いおからは、勤番侍の心強い味方でした。こうした惣菜は、ややもすると単調になりがちな、伴四郎の食卓をにぎわしたことでしょう。

さて調理道具の話です。すり鉢は、現在はさておき、少し前までは各家庭にひとつ

すりこ木は台所の必需品。ごまや味噌をすった。『素人包丁』（味の素食の文化センター所蔵）

はあったものです。材質は硬質の焼き物で、特に備前焼のものが良いとされていました。すり鉢は胡麻や山芋をすったりしますが、かつて最も多い用途は味噌をすることでした。味噌汁などを作るたびにすり鉢で味噌をすっていたのです。しかし、すり味噌の普及や、近年ではビニールパックやだし入りの味噌までが売り出され、すり鉢が遠い存在になってしまいました。

相模屋に以前から注文しておいたすり鉢とすりこ木、それに白味噌が届けられました。早速すり鉢に白味噌を入れてすり合わせ、根深ねぎを加えて雑炊を作ったところ、「皆々うまかり、したたか喰」ったとあります。この時の雑炊は大変美味しい出来で大好評、気を良くした伴四郎でした。おかげで数日来悩まされていた便秘も解消です。この時の味噌は白味噌、白味噌といえば京都ですが、関西文化圏の和歌山も白味噌だったのでしょうか。調味料は共同で購入しているのでこの時は一人十一文の割合でした。すり鉢とすりこ木も共同購入、一人三十二文です。

伴四郎は徐々に料理道具を調えていますが、勤番が終われば処分したと思われます。二度目の出府になる元治二年（一八六五）には、新たに薄刃包丁（九百文）と釜（二貫九百四十四文）を購入しており、値段も張って物入りです。

下り物と酒

伴四郎の日記を読んで驚くのは、昼と言わず夜と言わずよく酒を飲んでいることです。なかには風邪薬代わりに飲んでいる時もありました。江戸時代、各地に酒の生産地がありましたが、伊丹や池田そして灘などの上方の酒が生産量、品質ともにぬきんでた存在でした。こうした上方の酒は「下り酒」として江戸でもてはやされていました。

江戸時代初期から中期にかけて酒に限らず塩や醬油に油、そして呉服や太物《ふともの》（綿や麻の織物）をはじめとして、品質の良い物は京や大坂などの上方から江戸へ運ばれており、そうした物を「下り物」と呼んでいました。現在では、東京へ向かう列車を上り列車と呼んでいますが、当時は京へ上ると称して、江戸へは下るのです。

江戸近郊で作られる物は「地廻り物」などと呼ばれており、上質な下り物に対して品質的に劣り「下らぬ物」などと呼ばれ、「くだらない」という言葉の語源とも言われています。

しかし、時代とともに地廻り物の品質も向上して、徐々に下り物を駆逐していきました。その良い例が銚子や野田に代表される醬油でした。ただし、酒に関しては長く下り酒に及ばず、江戸時代後期には百万樽に及ぶ下り酒が江戸にもたらされました。

こうした背景には、上方の酒造りの技術革新があったようです。酒を造る過程で、米を糖化させるには三十度から三十二度くらいの温度が適しており、夏が酒作りの最盛期でした。ただしこうした製法では、雑菌のために酸味を帯びた酒になってしまうこともありました。寒く雑菌の発生しづらい冬季にじっくりと造る寒造りなど、製法に工夫がこらされ、後には高い精米度と寒造りによって混じりっけのない「灘の生一本」が登場して江戸市場を席巻しています。

濁り酒は別にして、清酒の場合は冷やで飲むよりも燗酒が主流だったようです。最初は鉄鍋で直接温めたのですが、中期以降になるとチロリと呼ばれる金属製の容器に入れて温めて、柄のついた銚子に移してから、盃に注いで飲みました。江戸時代の居酒屋の絵には、壁に掛けられたチロリを見ることが出来ます。また、チロリから直接杯に注ぐ場合もあったようです。ただし、伴四郎の頃には陶器製の徳利を小ぶりにして、直接湯煎して温める燗徳利が使われるようになっています。

現在、居酒屋などで「お銚子何本」などと注文していますが、本来は銚子と徳利は別物だったのです。

第四章

叔父様と伴四郎

叔父様の食い意地

七月二十八日

（略）昼比隣り児玉より予に阿じ《鯵》の干物弐拾五程くれ、昼飯に此程のこんぶの残りを菜に煮候ところ、また叔父様に半分取らるる、八ツ時過迄雨少し降る、煮付屋に梨子二ツ買、（略）夕飯に皆茶漬喰ひ、干物はまた明日昼飯さい《菜》にいたさんと思ひ候に、叔父様は早壱番かけにお上り、叔父様も昨日より腹痛むと仰せらるるに、誠に大喰なる事、直助と両人肝をつぶし候、毎々の事ながら奥さんかわり実に困り入候、誠に思ひ遣りのなき事（略）六ツ時半帰り、根深買て来る、四ツ時比何れも夜永《長》に腹へり候あいだ、夜喰せんと予茶を涌《わかし》に懸候ところ、挑灯《提灯》の灯消、また附参り候とて、どびん蹴り割り候、しかし薬どびんにて涌し、昼貫候阿し干物を焼、それにて皆々夜食を喰申候

この日の日記は、伴四郎の日常が詳しくわかるので、少し長めに引用しました。長屋の隣に住む児玉からあじの干物が二十五枚程到来します。『江戸自慢』にもあじは

高価な魚とあるので、伴四郎達も大喜びです。夕飯は皆で茶漬けでも食べて済ませて、あじの干物は明日の昼飯のおかずにしようということにしました。ところが叔父様こと宇治田平三が折角のあじを「早壱番かけにお上り」、つまり真っ先に食べてしまったのです。

昨日から腹が痛むと言いながらの大食いに、伴四郎と直助もびっくりです。叔父の大食や腹痛は、この日ばかりではありません。しかし、今回は皆が楽しみにしていたあじの干物を一人で真っ先に食べてしまった思いやりのなさを、毎々のこととはわかってはいても嘆いているのです。

問題のあじの干物は、秋の夜長で夜更かしでもしたのでしょうか、腹が減ってその日の四ツ時（午後十時頃）には、皆で夜食にしてしまいました。この日の伴四郎は、よほどついていなかったようです。夜食を食べようと思って、お茶を沸かそうとしたところ、提灯の火が消えてしまい、再びつけようとして、土瓶を蹴割ってしまいました。しかたなく薬を煎じるための土瓶でお茶を沸かしたのですが、さぞかし薬臭いお茶だったことでしょう。前にも彼らの三度の食事事情に触れましたが、もとはと言えば新しくご飯を炊く昼飯のおかずを、少しでも豊かにするためにあじを取っておいたのです。

せっかく用意しておいたおかずを叔父様に「いかれて」しまうことも、一度や二度ではありません。二日前には煮ておいた昆布を半分、この二十八日にも昼飯の昆布を半分取られたと日記に憤懣を記しています。叔父様にすれば半分は残しておいたとでも言うのでしょうか、万事おおらかと言うか大ざっぱな叔父は、無頓着に伴四郎のおかずを取ってしまうのです。

翌二十九日、叔父様はまた腹下しです。伴四郎はやはり「大食」が原因とつれない態度ですが、外出から戻ってみれば楽しみに買い求めた「人馬平安散《じんばへいあんさん》」という薬をほとんど叔父様に飲まれており、またもやがっかりです。それにしても人と馬が平安とは、すごい名前の薬です。

この二十九日は、岩見屋へ酢の代金を三人で払っているのですが、自分の払いを三割で済まそうとした叔父に対して、同宿の大石直助が「彼れ是れ」言って、最後には昼を「一間」も延ばして不満そうに割り勘に応じた様子を日記に記しているのも、食い物のうらみからでしょう。ただ、こうした記録を読んでいると、酢や醬油などの調味料は同宿の仲間で共同で買い、ご飯も一緒に炊いても、食事のおかずはある程度自分の分は自分で用意していたことがわかります。だからこそ自分の分に作り置いたおかずを食べられて憤るのです。

金銭などもきちんとするタイプの伴四郎が、性格の違う、それも叔父甥の仲、加えて上司と部下という関係の叔父と同居というのはつらいかも知れません。その上、伴四郎にとっては江戸勤番を勤めるために叔父の世話になっているので、多少の遠慮もありました。ただ伴四郎の日記に、はっきりと叔父に対する不満が記されるようになるのは、江戸到着のほぼ二か月後ですから、毎日の小さな不満がたまってきたのでしょう。しかし、決定的な破綻は今のところないので、どこかで気持ちに折り合いをつけていたようです。これからしばらくは叔父様の行状を記して、伴四郎の憂さ晴らしをしてあげましょう。

汁粉

八月八日

朝五ツ時前より雨止、四ツ時頃より快晴、叔父様は今日よりまた血下り、大に気分悪敷候との事、直助は矢張り熱強、今日上には御自拝五ツ時御出、民助御湯漬頂戴を預り呉と持来る、稽古の筋残らず御供、叔父様は昼飯はいけぬとて不喰、それより一ツ木え汁粉を喰に御出被成候、痢病腹下り通しに候つき、少し喰物用心なられ候ハハ宜候に、何かむしやむしやよく喰こと、色々申候えども、中々聞いれず毎々申も悪敷いかけにいたし候、また予か倹約いたし候をおしかりなられ候

長屋に同居の二人の体調がすぐれません。直助は数日来の風邪で、この日も熱が高く苦しい様子です。叔父様も血下りと言いますから下血があり、気分も悪く「昼飯はいけぬ」と飯抜きでした。ただし叔父様はこのあと一ツ木へ汁粉を食べに出かけ、伴四郎はびっくり。「痢病」なので食べ物には少しは用心した方が良いと思う伴四郎です。しかし、毎々注意するのもどうかと思い躊躇してしまいます。しかし、当の叔父様は頓着なく何でも「むしやむしや」、叔父様の健啖家ぶりにあきれ顔です。

伴四郎も、江戸到着間もない六月八日を皮切りに、毎月のように汁粉を食べており、時には一度に二杯を食べることもあって、なかなかの甘い物好きだったようです。伴四郎は暑い夏にも汁粉を食べているので、季節は関係ないようで冬のイメージの強い現在とは違っていました。

汁粉は甘い小豆汁に餅を入れた食べ物で、似た食べ物に善哉《ぜんざい》があります。ちなみに善哉の語源は「良い行いをほめる」仏教用語だそうです。この汁粉と善哉は地域によ

って内容が異なり、食文化の東西比較の話題としてよく取り上げられます。事情は幕末も同じです。『守貞謾稿』によって違いを見てみましょう。

京都、大坂で言う善哉とは、赤小豆の皮を取らずに黒砂糖で甘味を付け、丸餅を煮たものを言います。江戸では赤小豆の皮を取って、白砂糖の「下品」と言いますから、安い白砂糖か黒砂糖を加え、丸餅ではなく切餅を煮たものを汁粉と呼んでいます。

江戸の人々は相当に汁粉好きだったようで、『江戸自慢』によればどのような「端々」な所にも汁粉屋があり、高級な汁粉屋もあったようですが、大体は一椀十六文ほどの庶民的な食べ物でした。また京都、大坂、江戸ともに汁粉を商う店の多くは、正月屋というおめでたい名で呼ばれ、看板にも正月屋と書かれています。

翌九日の日記に「矢張色々の物喰なられ」とあるように、叔父の大食は止まらず、この日も夕方から坂下に何か食べに行っています。

人参の煮物

九月二十日

（略）さて拾六文のにんじ（人参）を安ゆえ煮置、ひさしく度々飯のさい（菜）にいたし候はんと煮候ところ、叔父様の飯のさいになり、大方喰われてしまい、予一度のさいにも足らぬ程になり、やれ〳〵買置はこり〳〵、徳をせんとてすべて損忘〳〵

浅草見物（170頁）を楽しんだ伴四郎、長屋へ帰ってみればがっかりすることが待っていました。というのは、せっかくの料理をまた叔父様に食べられてしまったのです。安い時に人参を十六文で買って煮物にして、数度に分けて飯のおかずにしようと取っておいたものです。

伴四郎の江戸における食生活は、ぜいたくなものではありません。単身赴任ということで、月に七、八回の外食はありますが、普段は質素な自炊が基本、それも値段の安い豆腐やいわしをよく買って料理し、漬け物や味噌汁と一緒に食べるなど節約を心がけています。

この日、伴四郎の料理は人参の煮物です。煮物は最も一般的な調理法で、煮汁の多寡、材料や加熱時間などの違いで、多くの種類にわかれます。また、地域による味の違いもありました。調味料は、江戸時代初期には塩、味噌、垂味噌などを使い、中期以降には醤油が増え、味醂や砂糖も少しずつ使われるようになりました。その煮物は、伴四郎のレパートリーのひとつ、人参の他に昆布なども煮ています。

それにしても、人参を食べられてしまった伴四郎の悔しさは、ひととおりではありません。せっかくおかずにしようとした人参が、「叔父様」のおかずになってしまい、それも大部分を食べられ、自分の一度のおかずにも足りなくなってしまったと嘆いています。得をしようと思ったら、損になり、もう買い置きはこりごりとまで記しています。

伴四郎のやりくり

八月二十四日

(略) 障子の代勘定いたし候ところ、叔父様は金弐朱銀の所にて勘定なされ、壱人前二百八十文になり候と仰せられ、予は銭所にて勘定いたし候はは、二百七十八文になり候と申候へは、左様なこまかいこと勘定出来るものか、わずか二文の事すいた様にせよと大に腹立なられ候 (略)

伴四郎は外食や小さな買い物を楽しんでいますが、それも普段の節約の賜物でした。では、伴四郎のやりくりはどのようなものだったのでしょうか、のぞいて見ましょう。

これまでも何度か触れてきたように、彼は豆腐やいわしなどの安い食材を選んで買い、あるいは安い時に買い置きして保存のきく煮物にするなど、まずは食費の節約に努めています。しかし、それはけっしてみじめといったものではなく、かえってそうした工夫を楽しんでいるようでさえあります。

彼の江戸詰手当は年三十九両、支出は二十三両弱、約四割を節約しています。他に米が現物支給されており、食べた残りの米を売って二両弱を得ています。節約に努めつつも余裕を感じさせる伴四郎の生活は、こうした江戸勤務の特別手当によっていたのです。ただし、幕末の江戸は大変な物価高、それを嫌って勤番を渋る者さえいましたので、やはり伴四郎はやりくり上手なのでしょう。

彼の性格は、割り勘の方法にも現れます。当時の貨幣は金、銀、銭の三種、それぞれ両替の相場がありました。障子代を同居している三人で割った時、叔父は二朱銀を基準にし、伴四郎は日常的に使う銭を基準にしました。そうすると一人二文ほど安くなるのです。叔父はそうした細かさが嫌で、最後には「好きにしろ」と怒ってしまったのです。叔父様は、「伴四郎は毎日毎日そろばんで一文のことも取り立てる」と伴四郎の陰口をきいていますが、これは叔父様嫌いの直助の告げ口です。ただ、伴四郎はきちんと計算することが結局は皆のためであり、一文二文の積み重ねこそが大事と

伴四郎の食の家計簿

	回数	年計	一回あたり（文）
魚類			
いわし	42	718	17
さけ	18	461	25
かつお	15	456	30
まぐろ	14	802	57
このしろ	9	176	19
はまぐり刺身	7	94	13
さば	6	140	23
ぶり	6	112	18
あんこう	4	68	17
どじょう	3	448	149
さめ	2	200	100
ぼら	2	82	41
あじ	2	56	28
たら	2	48	24
さんま	2	38	19
ばか貝刺身	2	32	16
干物	2	28	14
こはだ	1	32	32
にしん	1	16	16
野菜類			
なす	22	311	14
大根	9	128	14
ねぎ	5	56	11
菜	3	95	31
はじけ豆	3	68	22
柿	3	64	21
真菜	3	64	21
白瓜	3	62	20
ごぼう	3	44	14
こんにゃく	3	40	13
ほうれんそう	2	32	16
眼菜	2	32	16
新菊	2	32	16
たけのこ	2	28	14
わさび	2	28	14
れんこん	2	68	34
枝豆	1	30	30
すいか	1	12	12
きゅうり	1	10	10
にんじん	1	8	8
惣菜類			
煮豆		489	
玉子		168	
梅干		48	
焼き豆腐	48		5
白豆腐	14		30
揚げ豆腐	11		5
漬け菜	37	265	7
なすからし漬	11	140	12
奈良漬	2	28	14
きゅうり浅漬	2	14	14
わさび漬	1	16	16
大根味噌漬	1	12	12
たくあん	1	16	16

参考資料：島村妙子「幕末下級武士の生活の実態——紀州藩--下士の日記を分析して」『史苑 vol.32, no.2』

言っています。さて、みなさんはどちらのタイプでしょう。

共同生活では、お金の管理も大事、しかし、ここまで金銭感覚が違えば折り合いを付けるのも大変なことだったでしょう。そんなことから日記に、ふとん屋への支払で叔父様に丸め込まれ、心ならずも損をすることを「知りつつ損を」する「誠に心外心外」と嘆きを書き留めているのです。

第五章

江戸の楽しみ

三味線の稽古

六月晦日
（略）七ツ時頃為吉親類者来り、今日は稽古屋行は如何と申ゆえ、あまり毎々断り申も気毒ゆえ、ぜひなく付て参り候へは、鮫ヶ橋の裏屋にて随分小いき《（粋）》な家にて、親子ふたりと見へ、師匠は四十余りの大不義料《（器量）》、娘は小人嶋、それより将門の内、嵯峨やおむろという所少し稽古いたし帰り候、夕方より叔父様は例の湯屋へ御出、直助は四ッ谷へ行、予は留守居（略）

七月朔日
（略）夕飯喰、行水いたし、夕方漬物屋上総屋へ寄り、桜みそ拾六文の買、それより稽古屋行、師匠の名は常磐《（津脱カ）》琴春と申者、稽古いたし候跡にて、娘と何か流行歌教合（略）さてこの稽古屋は親子二人と思の外、夕方の事ゆえ亭主と養子と帰り、都合四人の家内はじめての江戸暮らし、単身赴任の伴四郎にも色々な楽しみがありました。それでは彼の日常生活の楽しみを紹介しましょう。

六月晦日、国元から従者として連れてきた小者の為吉の親類が訪ねてきました。どうやらかねてから「稽古屋」なる所に誘われており、いつも断るのは悪いので仕方なしに一緒に行ったとあります。ただし、彼のその後の行動を見ると、この言い様は照れ隠しかも知れません。伴四郎のような勤番侍は、為吉の親戚のようにすでに江戸に出ている者や知己を頼りに江戸における生活に徐々に慣れていったのでしょう。

訪れた先は、藩邸にほど近い鮫ケ橋という場所、一部はあまり好ましくない場所としても知られていました。家は裏家と言いますから、裏通りに面してはいますが「随分小いきな」造りの家でした。小粋な家に住んでいるのは、常磐津琴春という名の四十歳ほどの女性で、三味線と常磐津節のお師匠さんです。常磐津節というのは、江戸中期に常磐津文字太夫が始めた流儀で、三味線に合わせて半ば唄い半ば語るもので、現在でも多くの人に親しまれ、歌舞伎の世界にも残っています。琴春は娘と二人暮らしと見え、その日は「将門」という曲目の嵯峨御室の段を稽古しています。

最初乗り気でないようなことを言っていた伴四郎ですが、翌日にも琴春方を訪れ稽古に励んでいます。昨日は二人暮らしと思ったのですが、夕方に亭主と養子が帰ってきて、四人家族ということがわかりました。当時は、琴春のように常磐津や小唄などを教える師匠がそこかしこにいて、町人だけでなく伴四郎のような勤番侍も良いお客だったのでしょう。為吉の親類も琴春に頼まれて、稽古に通う人を探していたのでしょう。いずれにしても琴春は、娘と「流行歌」を教え合っており、師匠は師匠なりに研究に余念がありません。

伴四郎は凝り性の性格のようですがむらっ気もあり、七月一日から二十日の間に十一回も稽古に通っているのに翌八月は一度も訪れず、九月二十七日になって「誠に久し振」りに琴春方を訪れています。その後は、また月に十回以上も稽古に励むようになっています。

琴春方を三日続けて訪れることも珍しくありません。七月二十日などは琴春の所へ「筋玉の痛をこらへ〳〵行」とあるように、局所の痛みを我慢しながら行くこともあり、かなりのご執心にも見えます。この時の伴四郎は悲惨で、帰りには「痛甚敷」つまり激痛となり、「色々工夫」しながら歩く始末、その上下駄の鼻緒まで切れてしまい大いに困っています。これほどの思いをしてまで行った琴春の常磐津稽古ですが、国許における心配事を抱えている叔父様を前にして、「面白ふそふに」琴春を訪れることを遠慮することもありました。

琴春方への掛かりですが、稽古料は通常金一朱、銭四百十二文から四百二十文くらいが相場とのことです。

また菓子などの手土産を持参することもあり、三か月間に十回も手土産を持参しています。倹約家の伴四郎ではありますが、三味線の稽古は別のようです。唄い語り三味線を弾くことが好きだったこともあるでしょうが、男所帯の長屋暮らしの寂しさをまぎらわす目的もあったのかも知れません。

長屋の酒盛り

八月朔日

（略）豊吉また来り、民助よりの伝言、ただ今鰹到来いたし持参いたし候あいだ、酒を予に調《ととのえ》置候よう申くれる、早速豊吉坂下行所にて岩見屋え伝言頼む、早速酒・醤油・酢持来る、それより予返礼すし長門屋へ買行候、五郎右衛門も来り、民助鰹片身持参、それより五ツ時過、予料理いたし皆々喰仕廻（略）少々鰹にあたり候と見へ、叔父様・直助夜通し代り代り雪隠へ行下りづめ（略）

八月一日、民助から到来物のかつおが手に入ったので、酒を用意してくれとの伝言です。さっそく出入りの岩見屋から醤油と酢を取り寄せ、酒盛りの準備に取りかかりました。伴四郎は、長門屋へ鮨を買いに行っていますが、「返礼」とあるのでかつおのお礼の気持ちです。

民助がかつおの片身を持っての御到来、料理は伴四郎が行っています。ほかの日の記述からも、料理の手間をいとわない彼は料理好きだったのでしょう。勤番侍の生活は質素なものですが、このように肴を持ち寄っての酒盛りは、江戸生活のささやかな楽しみのひとつでした。

伴四郎の長屋での宴会はどうだったのだろうか。『久留米藩士江戸勤番長屋絵巻』（東京都江戸東京博物館所蔵／Image：東京都歴史文化財団イメージアーカイブ）

かつおは、平安時代に天皇の食膳にのせられるほど、古くから食べられていましたが、それは干すなどの加工をほどこしたものです。時代下って江戸時代の江戸では、生食のかつおがもてはやされています。特に初物に目のない江戸の人々にとって、初がつおは垂涎の的、文化九年（一八一二）歌舞伎役者の三世中村歌右衛門が三両で初がつおを買っていますが、この金額は最下級の武士ひとりの年間の俸禄とほぼ同じです。当時のお金の価値については何度か出てきましたが、比較が難しく時代による変動も大きいのですが、江戸時代後期には一両は現在の十万円から三十万円とも言われています。今回参考にした『江戸の卵は1個400円！』では十二万八千円としています。初物買いが行き過ぎると、幕府はぜいたく禁止の立場から初物を制限する法令を度々出すようになっています。

伴四郎達がかつおを食べたのは八月一日ですから、値段も随分と下がっていたことでしょう。しかし、脂ののった秋の戻りがつおの方が美味しいとも言われています。伴四郎が買う魚はいわしが圧倒的に多いのですが、かつおも年に十五回ほど購入しています。塩がつおか片身ばかりですが、彼らにとって、いつものいわしとは違ったご馳走だったと思われます。

かつお料理と言えば「たたき」が思い浮かびますが、江戸時代の料理書には法論味噌、火当膾、水出し、松葉いぶしをはじめとして実に多くの調理法が記されています。このうちかつおの法論味噌は、山椒やクルミなどを味噌に混ぜ、鍋でほろほろになるまで煎ってかつおを混ぜたものです。伴四郎達の酒盛りのかつおはどのように料理されたのでしょう。

実はこの時、かつおにあたってひどい目にあっているので、生食だったと思われます。叔父と直助は一晩中かわるがわる雪隠通い、伴四郎も昼から頭痛がしていたのですが、かつおを食べてからますます痛みは増して「腹はでんぐりかへ」るつらさで、色々薬を飲んでもかいなく夜通し苦しんでいます。ちなみにかつおにあたった時には、桜の樹皮をなめるのが当時の治療法とのことです。

後で触れますが、伴四郎達は日を決めて酒食を楽しむことがあり、この日は朔日ということでの酒宴だったと思われ、残った酒は八月三日、四日と両日にわたって飲んでいます。

ちなみに八月朔日は、八朔《はっさく》と呼ばれる日で、かつては田《た》の実《む》の祝いが行われ、豊作を願い祈った日でした。この日には、頼んだ（田の実）人、つまり自分を引き立て守ってくれる人に、感謝の気持ちを込めて贈り物をする日でもあり、武家社会では主従関係を確認する日でもありました。また、江戸幕府にとって八朔は、大変に重要な意味を持った日でした。幕府を創業した徳川家康が、豊臣秀吉によって旧領国から後北条氏の旧領関東に移され、江戸に入ったのが天正十八年（一五九〇）の八月朔日だったのです。幕府はこの日を重要な式日に定め、大名達は江戸城に登って将軍に祝意を伝え、太刀などを献上します。

また、商家ではこの日に牡丹餅を作って奉公人達に配ります。旧暦八月朔日は新暦の九月頃にあたり、そろそろ日が長くなってくるので、この日から夕食後の夜業が始まり、折角の甘い牡丹餅も苦く感じられ「八朔の苦餅」という言葉が生まれています。

鮨

八月十日

（略）御納戸頭片野八太夫・中奥御小姓森五三郎・大御番格小普請高橋直三郎何も初て小書院において稽古つかまつり候、さて済候て、すし振まわれした丶か喰、その上余り持帰り、直助へも土産くれ候（略）

鮨は江戸に限る！　伴四郎と同じ紀州田辺の人原田某が『江戸自慢』で言っている言葉です。

同書には「鮓は握りて、押したるは一切なし、調味よし、上方の及ぶ所にあらず、価も賤し」とあります。内容は、江戸の鮨は握り鮨ばかりで押鮨はなく、味は上方に比べて格段に良く、その上値段も安いと言うのです。どうも思い込みの強い人のようですが、江戸での握り鮨の人気ぶりが窺えます。事実、江戸の町には町ごとに二、三軒の鮨屋があったと言います。

鮨はもともと魚の貯蔵法のひとつでした。塩漬けの魚を米飯に数か月から三年ほど漬けこむと、腐敗せずに旨み成分のアミノ酸が増えて美味しくなります。また、米飯の自然発酵の過程で魚がすっぱくなります。だから鮨はもともとを「酸し」と書いたとも言われます。こうした鮨を熟《な》れ鮨（史料では馴れ鮨とも）と呼んでおり、現在では琵琶湖の鮒鮨が有名です。

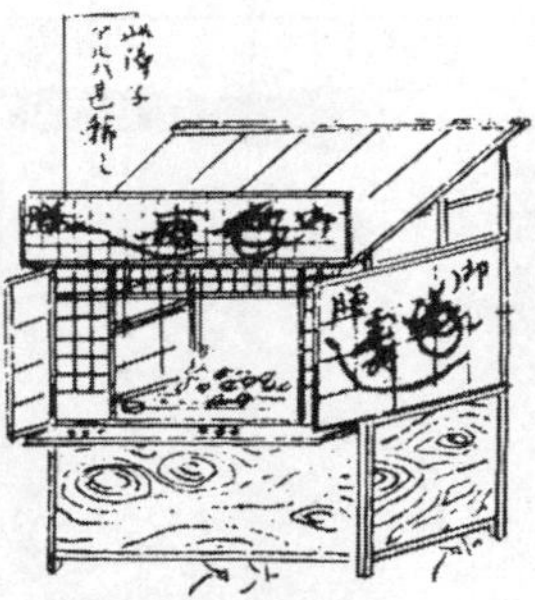
鮨の屋台と鮨種については、江戸時代の多くの資料に記されている。『守貞謾稿』（東京堂出版）

江戸時代初期には、漬け込みの期間を短くした生熟れが作られ、鮨の入った桶を並べる鮨屋の絵を見ることが出来ます。その後、宝暦年間（一七五一～六四）には、米飯に酢を加える方法が考案され早鮨などと呼ばれました。そして箱型に飯を入れて、上に魚肉を置いて圧板で押しをかける押鮨が作られるようになりました。握り鮨が登場するまでは、押

鮨屋の屋台。きれいなディスプレイであることがわかる。喜多川歌麿『江戸爵』（部分、飯野亮一『すし 天ぷら 蕎麦 うなぎ』ちくま学芸文庫）

鮨が一般的なすしで、現在でも大阪のバッテラなど、関西名物にもなっています。

この日の日記にあるように、伴四郎達は稽古の後に馳走にあずかることもたまにありました。この時、彼らが食べたのは握り鮨と思われます。握り鮨は文政年間（一八一八～三〇）に江戸で工夫され、玉子焼きや魚介類を握った酢飯の上にのせたものです。鮨種の多くは江戸の「前」、江戸湾で獲れた魚や貝類なので、今でも握り鮨のことを江戸前などと呼んでいます。

握り鮨は、鮨店はもちろん屋台などでも売られていました。『守貞謾稿』には「鶏卵焼、車海老、海老そぼろ、白魚、まぐろさしみ、こはだ、あなご甘煮長のまま」を鮨種にするとあり、絵も書かれていて、ほぼ現在と同じです。また、刺身やこはだ等は飯と種の間にわさびを入れるとも記されています。また、新生姜の酢漬けであるガリも現在と一緒、折り詰めに熊笹を切って細工した物をのせていますが、こちらは今では葉蘭やプラスチックが多くなっています。値段は一個四文から八文くらいで、玉子巻きは十六文でした。接待用や贈答用の高価な鮨を売る店もありましたが、屋台など安価な店で売られる握り鮨は、江戸の庶民が育てたファストフードであると同時に、江戸の自然によってもたらされたスローフードでもあったのです。

伴四郎も外出先で度々鮨を食べ、酒宴に鮨を用意したり、あるいは知人にご馳走になったりしています。この時も余った鮨を、長屋で帰りを待つ直助への土産にしてもらっています。ちなみに伴四郎が、翌年一年間に鮨を食べた回数は十四回ほどで、うち一回はちらしずしでした。

大名見物

六月朔日

朝また森川へ行薬貰、それより大名小路へ行、諸大名の屋敷一見いたし、余り暑きゆえ、照り降り傘壱本叔父様と買、又大名登城下り見物に参り、さいわい上の帰御拝し、其勢飛鳥の落るばかり也、諸大名小名の下り誠に目を驚す、伊井（井伊）も跡目より此日乗出也（略）

六月一日は江戸到着の翌日、早速江戸見物に出る伴四郎です。行き先は、大名屋敷の集まるその名も大名小路、広壮な屋敷のならぶ様は決して和歌山では見ることの出来ない情景です。「三百諸侯」がいくつもの藩邸を持つ江戸は、それこそ大名屋敷でいっぱい、その様子は当時の江戸の絵図を見れば一目瞭然、家名や紋所を記した大名屋敷が所狭しと記されています。この辺りは現在の丸の内にあたります。

続いて江戸城から下がってくる大名行列の見物ですが、この時は幸いにも「上の帰」を拝したとあり、その行列の様子は飛ぶ鳥を落とす勢いと記していますが、「上」とは伴四郎の殿様である紀州和歌山藩主徳川茂承《もちつぐ》のこと、さすがに御三家の行列は立派なものだったのでしょう、伴四郎も誇らしい気持ちです。紀州徳川家ほどでなくとも諸大名が江戸城を下がって来る様子は、目を驚かすばかりだと伴四郎も日記に書いています。伴四郎の日記には、この年三月三日に桜田門外の変で倒れた井伊直弼の跡継ぎが、この日はじめて登城した旨を記していますが、きっと注目の行列だったと思われます。

大名が江戸城へ登り下りする行列は江戸名物のひとつ、特に幕府の重要な行事などで総登城する日の行列は壮観なものでした。主人の殿様が江戸城へ入られた後、供の

江戸城の門前で待機する家臣たち。雑談をする供の者達や、彼らを目当てにした屋台や商売人の姿が屏風に描かれている。『江戸城年始登城風景図屏風』（東京都江戸東京博物館所蔵）

者達は、大手門や桜田門前の下場所で待っています。その様子を描いた絵（前頁図）を見ても相当な数の家臣達が主人の帰りを待っており、そのお供達を目当てに色々な煮物を売るいわゆる煮売屋が簡単なしつらえの店を開いています。彼らは、食べ物を担いで商いをする立売りの商人がほとんどで、こんにゃくの田楽、甘酒、清酒《すみざけ》、鮨、作菓子その他の食べ物を商っていました。

江戸時代、『武鑑』という本が売られていました。『武鑑』には大名家の当主名や紋所、領地や藩邸あるいは家老など重職の氏名、または行列に際してかかげる槍の形などが記されており、大名行列見物のガイドブックにもなっていました。

その他六月二十五日に、赤羽橋の有馬家や薩摩藩島津家の屋敷見物をしていますが、この日以外にも大名屋敷見物の記事も見え、庭園を見物する時もありました。

愛宕山から江戸を見る

はじめての江戸はめずらしいことばかり、せっせと名所見物などに精を出す伴四郎です。まず驚かされたのは江戸の大きさと繁華なこと、和歌山の三倍はにぎやかな祭のことはすでに紹介しました。江戸の大きさを知るには、芝の愛宕山に登るのが一番です。愛宕山は標高二十四メートルほどの小さな山ですが、江戸湾や市中を望む眺望にめぐまれ、山頂には愛宕神社があり、江戸名所のひとつに数えられていました。

伴四郎も出府まもない六月十七日に参詣に訪れて、「世間を見渡し、江戸三歩《分》一はここより見ゆる、其広さは中々詞《ことば》にも筆にも尽しがたく」と記しています。大きな大名屋敷や神社や寺あるいは町屋などが立ち並び、江戸の三分の一は見渡せて、その広さは言葉でも筆でも表すことは出来ないと言っているのです。この情景は、幕末にイギリス人写真家、フェリックス・ベアトが愛宕山から撮影した写真に残されており、今でも見ることができます。愛宕山からの帰りに通り抜けた増上寺は、とても寺とは思えない広さだと記しています。現在でも、増上寺の寺域は広大ですが、徳川将軍家の菩提所であった江戸時代とは比べものになりません。

六月十七日の日記には、続いて「諸道具錦絵其外細工物、諸事何やかや商店の賑ひ」とあり、色々な道具や錦絵あるいは細工物その他を売る商店のにぎわいに驚かされた様子が伝わってきます。この時は甘酒を飲み鮨を食べ、子供の腹掛けと煙草入れを買っています。食べ物と買い物は名所見物の楽しみのひとつですが、子供の腹掛けは国元に残してきた子供のためでしょうか。

同じ名所を何度も訪れることもあります。先程の愛宕山には、八月二十四日にもう一度訪れ、「色々買喰」をして大津絵を少し、また諸秘伝物を買っています。武士のたしなみとして買喰いは少しはしたない気もしますが、小遣帳によれば、この日の買い喰は栗砂糖、粟餅二つ、薄荷入餅、稲荷あなご鮨、け《げ》そ焼、かば焼豆腐、雑煮二つ、まさに色々食べています。また伴四郎が買った「秘伝物」の内容はわかりませんが小遣帳には「秘伝本」とだけあります。

江戸見物と名物

九月二十日

（略）さて向島あたり茶屋・料理屋向かつ別荘などの風雅なること筆紙につくしがたく、ただうらやましくばかり也、夫より牛の御前へ参詣、この所の懸茶屋にて茶を呑、桜餅など喰（略）浅草観音え参詣ここにて浅草餅を喰、それより浅草通にてすしなど喰、また祇園豆腐にて飯を喰（略）

藩邸から遠い名所や繁華街を訪ねることもあります。愛宕山参詣の三日後六月二十日には、目黒不動を参詣しています。江戸鎮護のために目白、目黒、目赤、目青、目黄の五色の不動尊が、江戸外周の五か所に配置されていました。なかでも目黒不動は、平安時代の創建とされ、三代将軍徳川家光寄進の堂塔伽藍《どうとうがらん》が立ち並び、多くの参詣人を集めていました。名物は餅花、目黒飴、粟餅などです。しかし伴四郎は、目黒を極めて田舎で誠に淋しい所と評しているので、人が集まる不動尊以外は、のどかな農村だったのでしょう。ただし十軒もある茶屋には、随分と美人が見えると書いています。茶店に美しい女性をおいて客を引き寄せていました。

では、「江戸」の田舎から、当時一番の名所でにぎやかな所に行ってみましょう。九月二十日、伴四郎は赤坂の紀州和歌山藩中屋敷から浅草見物に出かけます。もちろん交通手段は、自分の足です。赤坂から浅草は、直線距離でも七キロメートルは離れていますが、苦にしている様子はありません。

最初は向島の三囲稲荷《みめぐり》（神社）へ参詣。向島は隅田川を望んだ名勝地で、文化元年には有名な向島百花園も開かれ、周囲には名刹古社も多く有名料亭や大店の商人あるいは大身の武家の別荘が多い所です。伴四郎もさかんにうらやましがって、その風雅な様子を書き表わすことはとても出来ないなどと日記に記しています。下級武士の彼には、遠い世界のことでした。この後、牛の御前（牛島神社）の茶店で桜餅を食べています。

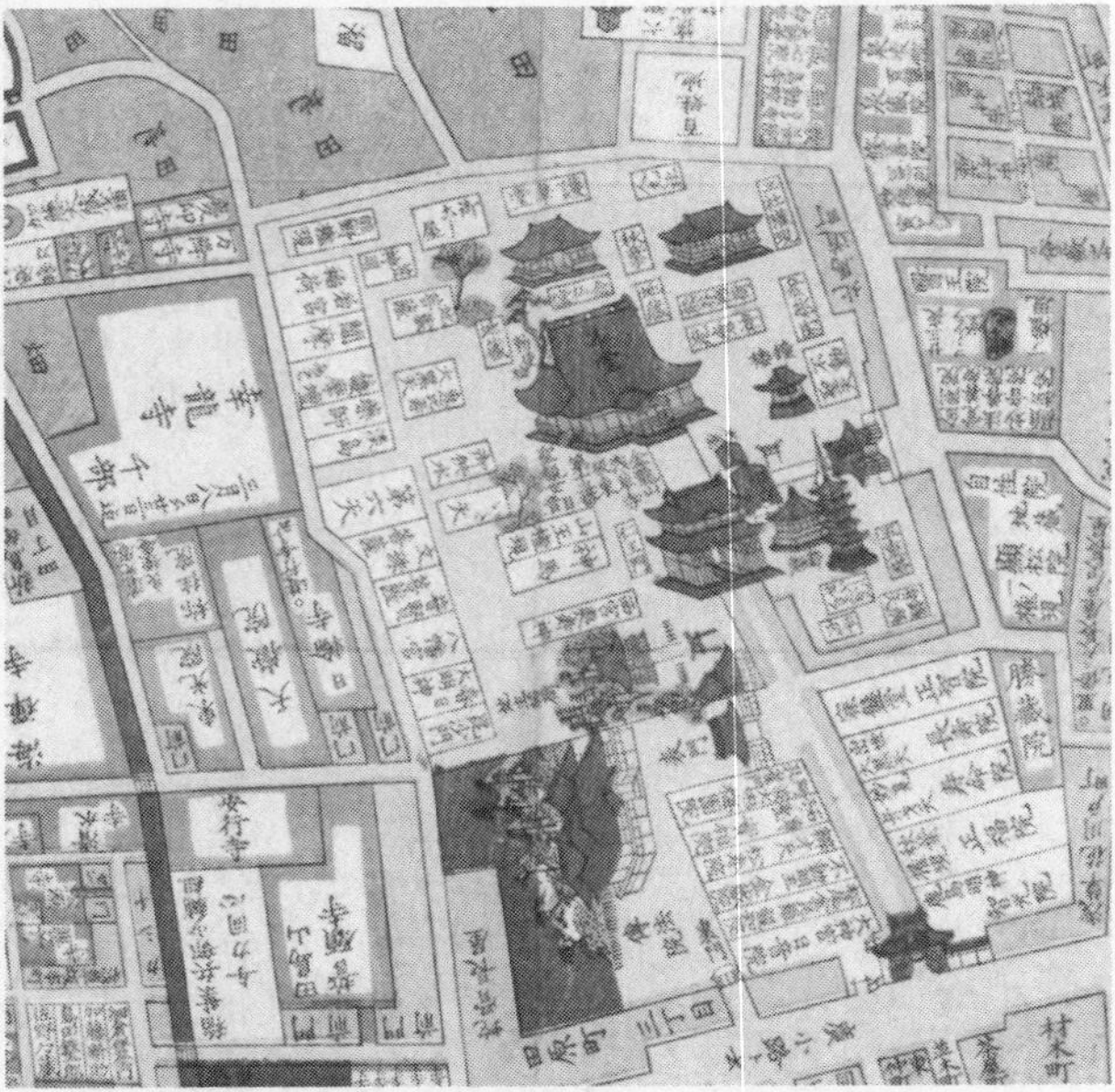

参詣と、遊興と。浅草は江戸に暮らす人々のアミューズメントスポット。
『尾張屋版切絵図』（国立国会図書館デジタルコレクション）

このあたりは隅田川の東岸にあたり墨堤《ぼくてい》と称され、桜餅の発祥の地としても有名です。享保二年（一七一七）八代将軍徳川吉宗は鷹狩りの際にこの地を訪れ、風景の寂しさを残念に思い隅田川堤に桜の植樹を命じています。

吉宗という人は、揺らぎ始めた幕府の基礎を享保の改革によって建て直した将軍として、後世「名君」のひとりにあげられています。伴四郎が食べた桜餅、実は名君吉宗の「公園」政策のおかげなのです。吉宗は、ほかにも飛鳥山（北区）、御殿山（品川区）にも桜の木を植え、中野（中野区）には桃園を作り、江戸に新しい名勝を作りました。こうした政策は、江戸の人々が憩う「公園」を作ることを目的のひとつとしていました。名勝墨堤にも多くの人が訪れ、それを目当てに茶店が設けられるようになりますが、桜の木の手当などはこうした茶店の売り上げから支出されていました。

飛鳥山の桜も、徳川吉宗の公園政策の賜物。『江戸名所花暦』（部分、『日本名所風俗図会3　江戸の巻1』角川書店）

桜餅は、隅田川堤近くの長命寺で働いていた人が、桜の葉を塩漬けにしてその葉で餡を入れた餅を包んだのが始まりです。墨堤を彩る江戸名物で、その店は現在に続いていますが、江戸時代には桜葉は二枚、現在は三枚です。ちなみに桜の葉は大島桜で、現在では静岡県伊豆地方（松崎町）のものが多く使われています。

現在の桜餅は、小麦粉生地が東京風、道明寺生地のものが関西風と言われていますが、江戸の桜餅にしてももち米や葛など生地に変遷があり、長い年月をかけて現在のような姿になっています。粽《ちまき》や柏餅のように桜餅も植物の葉を使うところは一緒ですが、葉を塩漬けしているところに特徴があります。つまり菓子を包む葉を、食べられる状態にしているのです。たしかに桜葉の塩味とともに、甘い餡を口に含んだときの美味しさは格別です。一方、葉を取って餅に移った桜の香りを楽しむ人もいて、桜餅ひとつをとっても色々な楽しみ方が出来るのです。

江戸でも名高い名物となった桜餅、いったいどれくらい売れたのでしょう。文政七年（一八二四）一年間にこの店が使用した桜葉は七十七万五千枚、一つの餅を二枚の葉で包むので、餅の数は三十八万七千五百個、一日平均千七十六個もの桜餅が売れていた計算になります（『兎園小説』）。

伴四郎一行は、隅田川を渡り待乳山聖天《まっちやましょうてん》の祭礼を見物、浅草観音では雷おこしと並ぶ名物浅草餅に舌鼓を打っています。浅草餅は古くから続く名物で、『町方書上』という幕府へ提出された町の概況や由緒の調査書によれば、享保十一年（一七二六）には浅草伝法院僧正より、「名物金龍山浅草餅」という看板を書き与えられたとのこと、今でも浅草寺仲見世の伝法院門前で売られています。浅草あたりと言えば、米饅頭や幾世餅をはじめ江戸名物の菓子がたくさん生まれた所です。

米饅頭は待乳山聖天のふもと鶴屋の娘お米が売り出したので、その名があるということですが、米粉を使って米粒形に作ったところに、その名の由来がありそうです。店売りの場合でも、荷を担いで売る振り売りでも米饅頭を温めて売っている姿が残されています。

この日伴四郎は食べていませんが幾世餅も名高い名物、餅に甘く煮た小豆をのせた菓子です。両国橋詰の小松屋が吉原の女郎を妻に迎え、妻の源氏名を餅の名として売りだし、夫婦そろって売ったので幾世見たさにお客が集まったということです。この幾世餅については、両国と浅草の店で元祖争いがあり、大岡裁きを受けたことが、後の名町奉行根岸鎮衛《やすもり》の『耳嚢《みみぶくろ》』に書かれています。こうした名物は江戸の庶民に限らず、伴四郎のように全国から江戸を訪れた勤番侍にも親しまれていました。

浅草見物の最後は、鮨と京都生まれの祇園豆腐を食べて終わりです。帰り道に夜の日本橋を通り、昼とは違ったにぎわいに大変な驚きようです。日本橋と言えば江戸商業の中心、三井越後屋のような大店も多く、また路上では多くの屋台店が色々な物を商っています。

いずれにしても、見て食べて驚いて楽しんだ一日でした。このように江戸見物に精を出す伴四郎ですが、後日民助や叔父様達に水天宮参詣を誘われた時には断っています。理由は「余り毎日〳〵出ケつづき物入もこれあり候（十月五日）」と記しており、毎日毎日出掛けてばかりでは費用がかさむと倹約家らしい一面も見せています。

浅草のおばけと穴子の甘煮

七月十六日

晴天大暑し、叔父様・房助・豊吉・善吉・予五人連にて、浅草広小路鏑川堂へたむしりやうじ（療治）当に出かける、まず上野手前にて餅を喰ひ、それより浅草にて手前にてそばを喰、それより医師の方にて療治を見物いたし貰、観音へ参詣、おばけの見せ物を見物いたし、その所より少々夕立いたし、少し向にてあなこ・いも・蛸甘煮にて酒呑、飯を喰、それより吉原見物に行、初ておいらん道中を見る、西瓜一切喰、それより両国橋へ行（角力の見物など略）

この日は五人連れで、浅草広小路へたむしの治療に出かけています。わざわざ赤坂から浅草まで出向くのですから、きっと評判の医者なのでしょう。まずは上野の近くで一休み、餅を食べ浅草の月若という店にてそばを食べて、いよいよ目的の医者を訪ねて治療を受けていますが、「見物」と日記にあるので、伴四郎自身は治療を受けずに様子を見ていたのでしょう。

治療が終わって浅草寺の観音様に参詣、そのあと「おばけ」の見世物を見物しています。江戸のような大都市には、様々な娯楽があり、見世物や芝居もそのひとつ、京都では四条河原、大坂は難波新地、江戸では両国橋の東西の橋詰と浅草奥山が有名です。伴四郎がみた「おばけ」は、きっと浅草の奥山に出たのでしょう。奥山というのは、浅草寺本堂の裏側の総称で、三社権現から若宮稲荷までの広い地域を指し、多くの見世物小屋などが建ち並んでいました。

見世物と言うと、ある年代以上の方々の中には祭や縁日での小屋掛けの見世物を思い出される方も多いと思います。私も小学生の頃に神社のお祭で境内にしつらえた見世物小屋を覚えていますが、残念なことに見世物を見た記憶はありません。こうした見世物は、祭などハレの場に登場していますが、江戸時代の浅草や両国では、恒常的に小屋が掛けられており、場所そのものが日常から一時離れることの出来るハレの空間となっていたのです。

では、当時の見世物はどのようなものだったのでしょう。まずは「軽業」や馬の曲乗りをする「曲馬」、俵や大きな岩を持ち上げる「力持ち」といった「曲芸」、象やラクダや虎などの「動物の見世物」、のぞき穴から箱の中の不思議な世界をのぞく「のぞきからくり」、生きた人間そっくりの「生人形《いき》」、これなどは現代の蠟人形に通じます。そして彩色した竹を人形などに編んで、『三国志』などの世界を再現する籠細工、あるいはガラス細工などの「細工見世物」がありますが、その種類は実に雑多でとても全部をあげることは出来ません。

見世物と言うと、あまり上等な印象は受けません。しかし伴四郎の時代の曲芸の水準は非常に高く、幕末にアメリカに渡って活躍して大評判となった軽業師もいました。また、伴四郎の頃より四十年ほど前の話ではありますが、七メートルにもなる関羽の籠細工を作り人気を集めた興行では、百日間で四十万から五十万人に及ぶ人々が浅草奥山に詰めかけたと言いますから、江戸の人口の約半分の人が、この関羽の見世物を見たことになります。

見世物の料金ですが、江戸の場合二十八文（約五百六十円）か三十二文（約六百四十円）が相場、ただしこれは小屋とは言っても大きな場合、小さなそれこそ小屋の場合には、十六文、十二文、八文といった値段で庶民にとっても手軽な娯楽でした。伴四郎の見たおばけは、いくらだったのでしょう。

見世物見物の後、夕立があり店に入って一休み、穴子、里芋、たこの甘煮を肴に酒を飲む伴四郎、こうした姿を見るとたむし治療も口実に聞こえてきます。穴子は白蒸しや煮物あるいは握り鮨の種として今も人気の魚ですが、江戸近海では味の良い穴子が多くとれました。穴子に似た魚にうなぎやはもがあります。江戸時代には穴子を蒸したものをうなぎと偽って売ることもあったとのこと、穴子よりもうなぎの方が高く売れたのでしょう。はもは西日本でよく獲れ、京都や大坂を中心に調理法も発達して、梅肉で食べるおとし、火で皮をあぶったたたきにしゃぶしゃぶ、あるいは皮をあぶってきゅうりもみなど、色々に食べられています。しかし、小骨の多い魚なので丁寧な骨切りが欠かせません。その他、蒲鉾の材料にもなります。

穴子は江戸近海のほか瀬戸内海でも良い物が獲れ、広島の穴子鮨など名物も多く、現在鮨の巻物に穴子を入れることがありますが、これは西日本から始まったとのことです。伴四郎達が食べた穴子は里芋とたこと一緒に甘く煮たもので、取り合わせが美味しそうです。甘い味は江戸料理の特徴のひとつ、十九世紀に入って国産砂糖の生産・流通量が増えて料理に多く使えるようになりました。また、江戸近郊の下総流山の名産となった味醂も江戸の味に欠かせない調味料でした。

吉原のおいらん道中と両国

続いて一杯飲んで吉原へ繰り出す伴四郎一行、とは言っても登楼はせず、おいらん道中を見て終わりです。吉原は幕府公認の遊郭で、浅草に近い所にありました。伴四郎達が見たおいらん道中は時代によって変遷もありますが、彼らの頃には遊女が客の待つ引手茶屋へ迎えに行くことを指しました。若い男衆が箱提灯を持って先導、新造《しんぞう》という位の女郎が続き、主役のおいらんは少女の禿《かむろ》を連れて「外八文字」という歩き方で進み、その後に番頭新造、そしてマネージャー役の遣手《やりて》が続きます。残念ながら道中を見た伴四郎の感想は記されていません。

旧暦の七月は秋とは言え、まだまだ残暑の厳しい頃、すいかを一切れ食べて暑さしのぎです。江戸の町中には、すいかなどを商う水菓子売りや水売りや心太《ところてん》売りが屋台あるいは振り売りで商いをしていて、夏の風物詩となっていました。板の上にすいかを並べて売る様子は絵などにも描かれていますが、暑いさなかに食べるすいかの美味しさは格別だったでしょう。いずれにしても江戸という町を歩けば何か食べ物にありつけるというシステムが整えられていて、人々の食欲を満たしていたのです。

元禄5年当時の新吉原大門内付近の賑わい。（福田利子『吉原はこんな所でございました』ちくま文庫）

少し歩いて両国橋へ、隅田川を渡るこの橋はかつて武蔵国と下総国を結ぶことから両国橋と呼ばれていました。その後東岸も江戸に組み込まれ、橋の東西は江戸随一の繁華な街へと発展していきます。両国橋の東西の橋詰には、芝居小屋や曲芸などの見世物小屋、小間物売りをはじめとする店や美しい女性を雇って客を集めた水茶屋などが建ち並び、江戸っ子や、伴四郎のように江戸を訪れた人々が群集しており、その財布をねらってスリも横行していました。

橋の下を見れば芸妓などを乗せた屋形船が行き来して、五月十八日の川開きともなれば花火が上がります。この江戸名物の両国の花火ですが、スポンサーさえあれば八月二十八日まで毎日でも打ち上げたとのこと、屋形船で楽しむお大尽が上げた花火を庶民も楽しみます。都市もある程度の規模を超えると、両国や浅草のような人々の欲望を満たす盛り場が必要だったのです。

さて、伴四郎がこの日両国で見た見世物ですが、ちょっと書くことをはばかられる内容なので、ここまででご容赦ください。ただ幕末ともなると下級武士の娯楽は庶民と変わらない内容となっていたようです。

清涼飲料

六月十五日

（略）近藤参り、皆々同道にて赤坂・麹町・四ツ谷辺へ廻り帰る、四ツ谷の河岸にて麦湯・くす湯など呑む、代を兵馬に借

江戸に来て半月が過ぎ、同宿の者達もそれぞれ外出です。伴四郎は近藤兵馬と「御《お》小人《こびと》の者」と一緒に藩邸周辺を散策にでました。この地域は伴四郎が日常的に訪れる場所、まさしく藩邸に接続する伴四郎の「地元」です。ここに出てくる御小人の者は、

伴四郎と近しい関係となる矢野五郎右衛門かも知れません。

四ツ谷の河岸で麦湯と葛湯を飲む伴四郎。河岸というのは川沿いの岸や、舟から荷物を揚げる場所を言いますが、ここでは多摩川上流羽村に端を発する玉川上水が、四ツ谷の大木戸辺り（新宿御苑近く）で暗渠に入るまでの水路際のことでしょう。

江戸は埋め立て地が多く、井戸を掘っても塩味で水に困る土地柄、そのため江戸時代の初めから上水道が発達しています。それでも水は不足気味で、舟に水を積んで運ぶ地域もありました（57頁参照）。また夏の路上では、笠をかぶりいかにも涼しげな姿をした水売りが「ひゃっこい、ひゃっこい」と呼び声を掛けながら一杯四文で水を売っており、注文に応じて白砂糖や白玉を入れます。器は真鍮製や陶器で砂糖の量を増やせば八文から十文になりました。伴四郎が六月二十二日に上野茶屋で飲んでいる「白玉水」がそれにあたるかと思われます。値段は茶代と一緒で六十八文（約千三百六十円）もしました。

さて伴四郎が飲んだ麦湯は、殻付の大麦を煎って煎じて作るもので、湯とはありますが冷やしたいわゆる麦茶、葛湯は湯で葛粉と砂糖を溶いたもので、これも冷やしていると思われます。伴四郎が飲んだ六月十五日は新暦に直せば八月四日、暑い時にはありがたい飲み物です。その他、夏の飲み物としては枇杷葉湯《びわようとう》もありました。これは枇杷の葉の毛を取って乾燥させ、肉桂や甘茶を細かく切って混ぜて煎じたものです。

伴四郎は六月中だけで甘酒を四回飲んでいて、二十二日には浅草で三杯も飲んでいます。この時の甘酒は温かったのでしょうか。冬の江戸には甘酒売りの姿が見られ、人々の冷えた体を温めていました。甘酒は、米を粥にして少し冷まして麹を加え混ぜ合わせ、発酵する前に飲むもので、酒粕を溶かし、甘味をつけたものもありました。早く出来るので一夜酒とも言います。『守貞謾稿』によれば、幕末頃には冬に限らず、四季を通じて売られたといいます。だいたい一碗八文で伴四郎の飲んだ甘酒と同じ値段です。

伴四郎は持ち合わせがなかったのでしょうか、近藤兵馬に葛湯・麦湯の代金二十文を借りています。この日は「慰」として五十二文を使っていますが、残念ながら慰みの内容はわかりません。また、これも借りたかはどうか日記、小遣帳とも書かれていません。

寄席・芝居・虎見物

八月十八日

> 晴天、直助はいよいよいたさず、朝昼にさい《（菜）》これなくゆえ、早昼焚き、朝昼兼候、民助来り、昼後浅草へ参詣の約束いたし候、それ《（ママ）》昼後より民助と同道にて出出《（ママ）》、上野にて煙管五本買、それより浅草へ参詣いたし、甘酒・すしなど喰、それより浅草にて大に空腹に成、さいわいきをん《（祇園）》豆腐これあり、心見《（試み）》に這入り、民助はいやとて先え行候、ここにてとふ婦飯喰、それより両国橋へ行、とらの見せ物見物いたし、（略）日本橋へ行、この通り須原屋にて武鑑を買、また仙女香買、それ久保丁原え行そばを喰、（略）予ぶた鍋にて酒壱合呑帰り候、（略）さて虎は大の犬程これあり、生て七月に相成候様子いまだ子也（略）

もう少し伴四郎の娯楽の話を続けます。先の浅草、両国見物の前の日のことですが、八ツ時（午後二時頃）に、赤坂一ツ木へ「落咄」を聞きに行っています。落咄とは落語のこと、江戸の町中には、落語などを聞かせる寄席がそこかしこにありました。この日の寄席は「人無」といった様子で、お客の入りは良くなく、新内節の「明烏」の全部と、落語を三つほど聞いていますが、演目は不明です。

伴四郎にとって寄席も楽しみのひとつ、ほかに芝居も見に行っており、回数を調べると芝居は年六回、寄席は八回ほどになります。もちろん安い席もありますが、当時から芝居は、多少ぜいたくな娯楽と言われていました。伴四郎の出費を見ると芝居一回に銭一貫四百文、二貫百八十五文、二貫五百文と、日頃の伴四郎からすると大きな散財です。三味線といい芝居といい、自分の好きなことに対しては、財布のひもをゆるめています。

では日記に戻って、八月十八日の記事を見ましょう。ここ数日直助の体調がすぐれず、伴四郎の日記も直助の様子から始まる日が多くなっています（81頁参照）。また、朝からさみしい話ですが、「さい（菜）」が無いとあるのは、飯のおかずがないということです。仕方なしに早めにご飯を炊いて、朝昼兼用の食事を済ませています。

さて、この日も民助と一緒に浅草に参詣です。どんなに遊んでも浅草に行くときは、目的を浅草寺の参詣としているのは、信仰心の現れか後ろめたさの裏返しでしょう。ただし江戸時代の人々にとって神社や寺院への参詣は、それ自体が大きな楽しみのひとつでした。それにしても浅草へ何度も足を運んでいますが、よほど楽しい所のようです。

浅草の手前上野で煙管の買い物、一度に五本も買っているのは人に頼まれたのでしょうか。浅草寺参詣の後は甘酒を飲み、鮨を食べています。変な取り合わせのようですが、食べ物の好みは人それぞれです。ところがすぐに「大に空腹」を訴えているの

両国回向院の賑わい。『江戸名所図会』（『新訂　江戸名所図会6』ちくま学芸文庫）

は、早過ぎた昼飯のせいでしょうか、幸いに祇園豆腐の店を見つけて、試しとばかりに豆腐で飯を食べています。祇園豆腐というのは、串に刺した豆腐を焼いて、煉《ね》り味噌を塗って道明寺粉をかけて食べる田楽のことで、京都の祇園社（八坂神社）門前の二軒茶屋で始まったことからこの名前があります。

浅草の後は、またもや両国で見世物見物、今度は虎の見世物です。見世物と言っても、虎の皮を板に張り付けるような代物ではなく、生きた虎を見せるのです。その虎は、生後七か月ほどの子虎で、大きな犬ほどの大きさです。また、少々値は張りますが銭七百文（約千四百円）を上乗せすれば、鶏を食べるところも見せると言うのです。鶏は生きたものか死んだものかは、書かれていません。それにしても七百文はちょっと高い気もします。この虎は、オランダ人が長崎へ持ち込んだもので、千七百両もした高価な虎、少しでも元を取ろうというのでしょう。

さてこの虎は、将軍の上覧にも供されたほどの虎ではありますが、実は虎にはあらず豹だったのです。虎は元々日本にいない動物、豹を虎と偽ってもばれないと思ったのでしょうか、しかし、昔の日本では豹を虎のメスと考えていた時代もあり、あながち嘘とも言えません。

こうした動物の見世物は古くからありました。なかには大いたちと言って、大きな板に血が付いていたなどという笑い話もありますが、象やらくだも見世物になっているのです。八代将軍吉宗の頃、象が日本にもたらされ、長崎から遠く江戸へ運ばれ、途中の京都では天皇もご覧になっています。この時、朝廷は象に「従四《じゅし》位《い》」という官位を授けたということ、無位の者は、天皇の前に出られないからだそうです。この時の象は吉宗の上覧に供された後、浅草で江戸市民のために公開されており、将軍御免の見世物でした。その後も、象やらくだの渡来があって、物見高い江戸っ子に格好の話題を提供しています。

さて虎見物の小屋では叔父様と偶然会っているのですが、一緒に来た民助は虎を見ずに先に帰ったようです。一緒に浅草へ出かけても、それぞれの行動は比較的自由だったのでしょう。両国の帰りに、日本橋の有名な書店須原屋へ寄って『武鑑』と『仙女香』を買っています。『武鑑』は前にも触れたように大名・旗本に関する情報を記したもので、一冊あれば何かと重宝した本です。『仙女香』は、京橋南伝馬町三丁目の坂本屋が売り出した白粉で、歌舞伎役者の女方三世瀬川菊之丞の俳号「仙女」にちなんだ名前で、美麗仙女香とも呼ばれました。ひと塗りで美人になりそうです。伴四郎は二五〇文（約五千円）で五つ買っています。もちろん自分用ではありません、国許の妻に送ったのでしょうか。江戸で白粉をあげるとすると、常磐津の師匠琴春か、日頃洗濯などで世話になっている上総屋の女房でしょうか。日記には贈り先についてはなにもありません。

日本橋からの帰り、小腹が空いたので久保町原でそばを食べ、その上、桐原では豚鍋で酒を飲んでのご帰還です。こうして見るとよく歩き、よく食べる江戸見物です。名所見物や寺社の参詣もさることながら、食べることが目的だったのかも知れません。

伴四郎のおしゃれと菊見物

十月七日

晴天、例刻より両人出殿、予留守居、九ツ時過帰り、続て森五三郎来り、上へ通しばらく咄、衣文《（紋）》方の本二冊貸なされ、さて今日菊を見物に参り候はぬやと申呉、三人共参り候約束いたし帰り候、しばらくありて参候とて、身拵にかかり候へは、予は米沢奥縞袴羽織も一番の着し大立派にやつし、直助は寝巻のままに行候と申ゆえ、叔父様は初て行所、ことに衣文方と申、少きわめても宜と申候えは（略）ぜひなく叔父様と予参り候へは、五三郎袴着て立出、また母人も裾長にて出、初て逢挨拶も済し（略）

今日の伴四郎は長屋で留守番、仕事は休みです。昼過ぎに叔父様たちが帰宅、続いて森五三郎が訪ねてきました。五三郎は中奥小姓をつとめ、衣紋の稽古に励んでおり、叔父から衣紋道に関する書物を二冊借りているので、なかなか勉強熱心な人のようです。五三郎は三人を菊見物に誘っています。季節は菊の盛り、とりどりの菊が咲き誇っていました。

折角のお誘いに伴四郎は米沢織の袴を着け、羽織も一番上等なものを用意しました。自分の姿を「大立派」と書いているくらいですから、相当のめかしぶりです。しかし、直助はなんと「寝巻のまま」行くと言うのです。寝巻きのような姿という意味だと思うのですが、相当にひどい格好だったのでしょう。

叔父様も、はじめて行く所でもあるし、自分達の衣紋方という職分を考えると服装に気を使った方が良いと諌めています。結局、直助は居残り、二人で五三郎方を訪ねました。五三郎もきちんと袴姿、母親も裾長姿でした。「寝巻」姿の直助がいなくてひと安心というところです。また、五三郎は母と同居しているので、江戸常府の藩士だったのでしょう。

三人の行き先は百人町です。伊賀者鉄砲組百人同心に与えられた屋敷地で、現在の新宿区新大久保のあたりです。その中で「二十五騎町」と言いますから、二十五人の与力に与えられた屋敷地です。

最初は上野という与力屋敷の庭を見物しています。庭も立派で風雅な作り、菊の花壇なども、十両くらいの金が掛かっただろうと値踏みをしています。続いて見物した屋敷は、庭の作りは上野家の十分の一ほどですが、菊の花は見事な出来と賞賛しています。大久保百人町は、花と庭園で有名な所でした。ここに住んだ同心たちは、こぞってつつじや菊などの花作りにいそしみ、季節ともなれば花を見物する人々が多く訪れる、江戸名所のひとつでした。特につつじは有名で、武家地の庭すべてにあって、鉄砲隊士が栽培にいそしんでいました。季節季節の花で彩られる大久保百人町、風雅な町のようですが、実は花作りは鉄砲同心たちの内職だったのです。

明治になって武家庭園もさびれてしまいましたが、後につつじ園が復活、ＪＲ中央線の前身である甲武鉄道が乗客増加の対策として、ポスターなどを貼ってお客の誘致につとめていましたが、そのつつじ園も大正八年（一九一九）に廃園になって、今はありません。しかし、大正四年に大久保つつじ園の霧島つつじの原木六百株が、群馬県館林へ譲渡されており、今でも多くの人々の目を楽しませています。

家庭料理

十月七日（続き）

（略）かれこれ夕方にも相成、また五三郎方え寄り大に馳走、真黒《（マグロ）》の指《（刺）》身に、取口は崩之半月に切巻玉子、寄セ物、長芋砂糖煮、いんげん豆の砂糖煮、誠に奇麗にて味し、また都芋の味噌汁に小茄子の塩押にて、茶漬出し、したゝか御飯喰酒呑、跡にて碁初り五目置させ二番負る、四ツ時半頃帰り候、手製のいもに牛房の揚物土産にくれ候

帰れば五三郎の家で大ご馳走です。まずはまぐろの刺身、現在まぐろといえば刺身の定番、トロなどは非常に高価なものですが、江戸時代には漁獲も少なく、また下魚扱いでした。ただ幕末頃には随分と広まり、伴四郎もたまには切り身を買っています。

口取りの盛合せは、崩しの半月と巻き玉子です。崩しとは、どのような食べ物でしょう。和歌山の方言で崩しは蒲鉾のことだそうです。板や竹に付けない蒲鉾も崩しというそうですが、半月形とあるので板に付けた蒲鉾のことです。巻玉子は鍋に卵液を少しずつ入れて巻き込んでいく巻玉子焼きか、薄焼き玉子に魚のすり身を付けて巻いて、蒸すか煮る料理のどちらかと思われます。

寄せ物には、いろいろな料理がありましたが、普通は寒天や葛粉を溶かして食材を寄せて固めたもので、煮凝《にこごり》や寒天寄せなどを言いました。日記では、寄せた食材はよくわかりません。

長芋（山芋）といんげん豆の砂糖煮もありました。江戸時代も後期になると料理に

使われる砂糖も多くなり、江戸の甘口料理が完成しています。都芋の味噌汁というのは、京芋（里芋の一種）のことでしょう。秋なすの小さなものを塩もみにして、最後は茶漬で締めています。もちろん酒もご馳走になり、その上芋とごぼうの揚げ物のお土産付でした。いつもの自炊とは違って、きれいで美味しい料理を楽しんでいます。単身赴任のつましい食生活には、この日の家庭料理は大変なご馳走でした。

庭園都市江戸

前にも紹介したように江戸には、飛鳥山や墨堤、中野の桃園など、計画的に作られた「公園」が、庶民の憩う庭園となっていましたが、他の多くの庭園は、大名や武家の屋敷、あるいは寺や神社にありました。江戸の土地の六十四パーセントは武家地、寺社地を合わせれば約八十パーセントになります。武家の屋敷や神社仏閣に庭園は付きもの、六義園や後楽園をはじめ、今に残る大名屋敷の庭園もあります。大久保百人町のように丹精込めた庭を開放している武家屋敷もあり、まさに江戸は庭園都市と言えましょう。

鳥取藩の芝金杉屋敷の庭園図。美しい庭園であった。『江戸下屋敷庭園図』（鳥取県立博物館所蔵）

そのため庭木の需要も多く、巣鴨近くの染井村など多くの植木屋が集まる所もありました。例えば九月二十六日に、伴四郎は染井を訪れ、植木屋の数の多さと、庭の風雅なことに驚きを記しています（202頁参照）。

現在の代表的な桜の品種である「染井吉野」は幕末の染井村生まれでした。また、菊の花は「巣鴨作り」と言われ、一本の木に二、三百の花をつけ、その花の大きさも揃っていました。しかし『江戸自慢』の筆者は、そうした菊よりも上方のようにとりどり咲くところに花の美しさを見ており、菊人形など「俗中の俗」とまで言っています。

伴四郎などの勤番侍は大名屋敷の中に住んでいるわけですから、大庭園付きの家ということになります。しかし、自由には庭園は見られないようです。和歌山藩の場合も容易にお庭を拝見することは出来ません。しかし、参勤交代で和歌山から来た勤番武士達は願によって特別に庭園に入ることが許されたのです。伴四郎の場合、十月五日に御座敷向ならびに御庭拝見の許可が出たということで、翌日五ツ半（午前八時頃）に御用部屋に参るようにと指示がありました。ちなみに赤坂中屋敷の御庭の広さは十万坪（約三十三万平方メートル）を超える広さ（『南紀徳川史』第十七冊）、とても全部は見ることは出来なかったでしょう。

翌六日朝、御同朋部屋に集合して、総勢九人にて御庭奉行の案内で庭園を拝見、庭園内の茶屋では煙草盆が出てお茶まで頂戴しています。肝心の庭園の感想は、言葉にも筆にも言い尽くしがたいというもので、大変立派なお庭だったようです。こうした大名江戸藩邸の豪華な庭園の様子は、多くの絵画によって今に伝えられています。

実はこの日、伴四郎達の殿様である徳川茂承に「御目見」が予定されていました。お庭の内苑と呼ばれる特別な庭園内にある洗心亭（西の御茶屋）の前で一同腰をかがめていると、殿様がなんと伴四郎の正面に立たれました。一同顔を上げよとの仰せですが、皆は恐縮して頭を上げません。一人伴四郎のみが、そっと顔を上げてお顔を拝しました。そして「誠に柔和の御想《（ママ）》にて、八丈縞の御召物に茶の御肩衣」と殿様の様子を日記に記していますが、袴については「気付」かなかったと言います。

他の人たちが「如何《いか》なる殿様か不知《しらず》」だったのとは対照的でした。伴四郎もなかなかのものです。こうしたことはよくあることなのでしょうか。伴四郎のような下級の藩士は、殿様と直接会うようなことはなかったと思われます。このように非公式に、それも殿中ではなく御庭で、殿様との御目見を済ませたのでしょう。紀州和歌山藩の「家中」は上士から中間などまで含めると紀州と江戸を合わせて一万人を超え、藩士だけでも四千人もいたとのこと、こうした御目見が藩主と下級の藩士たちを結び付けていたと思われます。

なかなか拝見できない藩邸内の御庭ですが、毎年二月と十月にはそれぞれ、園中にある稲荷神社の初午と秋葉神社のお祭りに合わせ、家中の十五歳以下の男子がお庭に入ること許されました。殿様が鷹を放つ所を見たり、勢子のように鳥追いに参加したりしています。また蜜柑や菓子がまかれると、大勢の子供たちが我先にと菓子を競って拾ったとのこと、この情景を明治中頃になっても懐かしむ藩士もいました（『南紀徳川史』第十七冊）。

十月十九日には、藩の芝屋敷の御庭拝見ですが、あいにくの雨模様、それも「甚敷風雨」で濡れながらの拝見でした。折角の「絶景誠に菓子の様成御庭」も十分に楽しめず、晴天に見ることが出来たらここで死んでも良いなどと、大仰なことを言っています。この年の旧暦十月十九日は新暦の十二月一日、海にほど近い芝屋敷の風雨は

「寒風心身にしみ通り」風邪気味の伴四郎にはこたえました。

この日の御庭拝見は羽織袴から着物までずぶぬれ、その上、紀の国坂で傘を壊してさんざんな目にあって、「有難めいわく大につらき事」と泣き言を日記に書く伴四郎でした。

江戸異人見物

ペリー来航に始まる外圧によって開国を余儀なくされた幕府、当初は江戸に外国人を住まわせることに抵抗していましたが、御府内にも外国の公館が設けられるようになりました。その結果、江戸の中を歩く異国人の姿も多くなり、彼らに向けられる好奇の目を伴四郎の日記から感じることも出来ます。

伴四郎が江戸に赴任した万延元年と言えば、三月に大老井伊直弼が桜田門外において暗殺された年で、物情騒然としていたとよく言われますが、伴四郎はいたって太平楽を決め込んでいます。彼の日記にも、政治向きのことはあまり書かれていません。その中でも対外関係に関する数少ない記事を紹介しましょう。芝増上寺で金の竜頭《りゅうず》が切れたり、東照神君家康の金の御幣が無くなったり、外国からの交易を求める声もますます高まっているので、水戸のご隠居徳川斉昭《なりあき》が、再び政治の表舞台に登場するというわさを記しています（七月十三日）。このうわさに伴四郎は、嫌なことを言うと感想を記しています。かつて水戸徳川家出身の一橋慶喜と将軍の座を争った紀州徳川家の家臣の心情としては、もっともかもしれません。ただ当時、水戸家の持つ尊王思想からでしょうか、一般の幕臣や譜代大名の藩士などは概して水戸嫌いだったと言われています。

八月十六日

（略）さて芝にて異人三人に逢申候、誠絵図の通にて候、何か買物いたし居り候、何れも鼻高く眼色魚の塩物の眼のごとし（略）

買い物中の異人を見かけた伴四郎は、錦絵で見るとおり、鼻は高く眼は塩物の魚と同じだと印象を記しています。この頃には、江戸市中でも外国人が見られるようになり、伴四郎の日記にも度々登場します。

七月四日には、江戸城へ向かうアメリカ公使ハリス一行の見物です。警護のために江戸中の鉄棒《かなぼう》三千人が集められ、見物人は数万人とあります。ただお目当ての行列はみな日本人で、肝心の異人は三人ばかり、拍子抜けした様子が読みとれます。幕末に異人警護の役についた幕臣の回想に「見物人は珍しいから大変。……ゾロ〳〵尾行《くっつい》てきましたもので」（『増補幕末百話』）とあるように、当時の人々にとって異人は格好の見物対象だったのです。

江戸では公式行事などの折に、警備する人に鉄棒を持たせます。日記の三千人は誇張にも思えますが、この日幕府の命令で二千五百の鉄棒が集められているので（『藤岡屋日記』）、中《あた》らずといえども遠からずといったところでしょう。

九月二十六日

晴天、昼比より叔父様、五郎右衛門、予三人連にて小石川伝津（通）院へ参詣いたし、駒込白山権現へ参詣、また吉性（祥）寺見物いたし、大国師方ニて出世大国を受、それより染井向の茶やにて漬大根を一切喰、ここに誠に細長く大根を切わり、軒え、または木の枝などニ懸けこれあり候、長サ壱間ばかりも有、また半間程のもこれあり候、白髪大根と言（略）それより王子権現へ参詣いたし、此所扇屋と申誠大な料理茶屋これあり、この茶屋に異人ヲロシャ、アメリカ、フランス、イギリス四ケ国の人物呑喰いたしおり、大に賑ふ、其跡へ這入り候処、誠きれいな小座敷沢山、庭など風雅なること筆紙つくしがたく候、大魚の指《（刺）》身あしらいに黄菊・大根おろし・胡瓜・わさひ、また都芋と蛸の味煮めし、魚の味噌汁、酒三合呑（略）

この日の伴四郎は、叔父様と五郎右衛門の三人連れで駒込・染井方面へ外出、寺社へお詣りしてお札を貰うことも楽しみのひとつ、ここでは大根の漬け物を食べています。その漬け物は、大根を「誠に細長く」切り、一間（一・八メートル）にもなるような長い大根を軒や木の枝に掛けたもので、その名も白髪大根、茶店で食べた大根のことです。

飛鳥山では腰掛け茶屋で菓子と茶を楽しみ、王子権現の扇屋という「誠大な」料理茶屋に入っています。きれいな小座敷が沢山あり、庭もまた風雅で立派な料理茶屋で、なにか伴四郎には不似合いな気もします。刺身には菊、大根おろし、きゅうりとわさびがあしらわれ、都芋とたこの味煮飯、魚の味噌汁で酒も三合ほどすすみ、料理のきれいなことと味を大いに楽しんでいます。この茶屋では、ロシア、アメリカ、フランス、イギリスの四か国の人々が飲み食いして、大いににぎわっていたことを記していますが、江戸駐在の外交官たちの宴会でしょうか、彼らも江戸見物と料理を楽しんだのでしょう。伴四郎の日記には、このほかにも片言の日本語を話し、茶屋の女性と戯

飛鳥山、王子権現など景勝地が多い地域、伴四郎も訪れている。歌川広重『江戸名所百景　王子音無川堰埭世俗大瀧ト唱』（個人蔵）

れる異人の姿なども記されており、幕末の江戸の情景が目に浮かびます。

この後は巣鴨に向かって染井の植木屋に入って庭の「風雅」なことは扇屋よりも倍くらいだと驚いています。これまでも紹介してきましたが、植木屋は庭園都市江戸の重要な要素です。

帰りには市ヶ谷で鮨を食べ、直助にも鮨の土産を買い、風呂屋に入ってから帰宅、茶を涌かしてさけを一切れ焼いて、五郎右衛門も一緒に晩飯です。この日は相当楽しかったようで、帰り道では、「哥唄」、つまり歌を歌いながら歩きました。

横浜異人見物

安政の五か国条約（一八五八年）で、函館他四港が開かれることになり、江戸に近い横浜は外国や日本の商人が集まり、さながら日本の中の異国といった有り様でした。

十月二十七日、伴四郎一行五人は暗いうちに藩邸を出立、横浜見物に出かけました。大森の鈴ケ森で夜明けを迎え、六郷を渡って川崎の万年屋でひと休み、この店は東海道でも名高い店で奈良茶飯が名物でした。奈良茶飯とは奈良茶とも言って、お茶で炊いた飯に煎り大豆などを加えて茶をかけて食べます。明暦の大火（一六五七年）の後、各地から集まった大工や職人を目当てに、浅草金龍山門前の茶店で奈良茶飯に豆腐汁、煮染めに煮豆と一緒に売り出されて広がったとも言います。これがわが国における料理店の最初とも言われています。ヨーロッパなどで料理店が営業を開始するのは一八世紀後期以降のことだそうで、この店は世界最初の料理屋かも知れません。

異人の姿を、伴四郎もたびたび見かけ、日記に記していた。『東都名所見物異人　愛宕山眺望』（都立中央図書館特別文庫室所蔵）

　外国人を襲う攘夷武士警戒のためでしょうか、神奈川から横浜へ行く船着き場では、厳しい調べがありました。彼らは偽名を使い、こともあろうに御三家尾張家中と称して押し通っています。

紹介状を携え三井の横浜店を訪れると、丁寧なもてなしを受けて、番頭の案内で横浜見物です。叔父様はじめ伴四郎達は、江戸の三井邸で衣紋道の指導をしているので、こうした便宜が図られたのでしょう。横浜の第一印象は犬が多いことと、異人の女を見ないこと、外国女性は二階の窓にいるのを遠目で見ただけでした。異人屋敷は、屋根や外観上は日本家屋と変わらないのに、内部はずいぶんと異国風な作りになっています。伴四郎は「万国人」はどれも風体や風俗が同じに見えるが、南京人（中国人）は違って、男ぶりもよく上品だと言っています。彼の目には欧米人は皆同じに見え、一方中国人には親近感をもっています。

数多い遊女屋のなかで異人が行く岩亀楼《がんきろう》の見物では、きれいで豪華な異国作りに、ただただ驚くばかりです。別座敷で、はんぺんの吸物や刺身、蒲鉾に寄せ物、いんげんになまこの酢物、そして寄せ鍋などで酒を呑んだ伴四郎、猪口をほしくなり、申し出たところ他の皆も同じことを言います。店に迷惑をかけるというので、無かったことになりました。帰りにそっと頼もうと思っていたら、叔父に先を越され伴四郎は日記に「残念残念」と記しています。

銭湯は庶民の娯楽場

十一月十四日

（略）七ツ時過帰り候ハバ、いまだ誰も帰らず鍵おろしこれあり、鍵は直助持ち行候間、明け候事もならず、それより房助を誘ひ湯屋え行、御屋敷内の人も沢山これあり、定府の人将棋さし負る（略）それよりよせ《（寄席）》え行、然ところいまだ夕飯喰わず候ゆえ、道にてそは喰、よせえ行上るり《（浄瑠璃）》四ツ聞、四ツ時に帰り、さて御門番えまいなひの銭両人共これなくゆえ、漬物屋をおこし銭を借、それより御門へ百文遣り帰り候

三味線の稽古から帰宅した伴四郎、長屋に鍵が掛かって部屋に入れません。鍵を持った直助の姿は見当たらず、仕方がないので房助を誘って湯屋へ行きました。湯屋というのは、現在の銭湯のことです。

湯屋には、同じ藩邸に住む和歌山藩士たちの姿がたくさん見られました。定府と言いますから、つねに江戸に詰めている藩士と伴四郎は将棋をして負けています。

風呂屋は庶民の社交場。伴四郎も二階で宴会を楽しんだ。『浮世風呂』前編所収。（神保五弥『浮世風呂　江戸の銭湯』毎日新聞社、東京都江戸東京博物館所蔵）

伴四郎は風呂の帰りに、夕飯代わりのそばを食べていますが、「道にて」とあるので屋台のそば屋のことでしょう。途中、寄席で四本の浄瑠璃を聞いています。四ツ時（午後十時頃）に帰りましたが、門限を過ぎてしまい、門番へ「まいなひ」（賂）として百文を渡して門を通してもらいました。しかし、二人とも銭の持ち合わせがなかったために、近くの漬物屋を起こして銭を借りています。起こされた漬物屋も迷惑ですが、ずいぶんと高い銭湯になってしまいました。それにしても「まいなひ」はその場での現金払い、きっと後払いはだめだったのでしょう。

ちなみに和歌山藩もかつては門限など厳しく、藩士の外出も制限され、禁を破って御暇（解雇）となる者もいましたが、江戸時代中期頃からゆるみだし、伴四郎の頃には百文の「まいなひ」で許してもらう始末です。

銭湯でなぜ将棋を、と思われる方も多いと思いますが、当時男湯には二階があって、囲碁や将棋あるいは菓子が用意され、茶をいれてくれるのです。『江戸自慢』によれば、銭湯の二階に上がって八文、湯に入って八文、菓子は一つ八文とあります。湯上りにお茶を飲みながら、四方山《よもやま》話に花を咲かせたり、将棋や囲碁、あるいは三味線を弾いたりと、江戸勤番の武士にとって手軽な娯楽の場でもあったのです（前頁図）。それで別の日にも「御屋敷内之人」が多く来ていたと日記に書かれています。

また、日付は前後しますが、九月晦日も銭湯に行って二階に上がっています。そこには「菓子細工」が飾ってあり、人が群れ押し合っているうちにめりやすを落として損をしたと書いてあります。

菓子細工というのはどのようなものでしょうか。現在、工芸菓子あるいは糖芸菓子などと呼ばれるものがあります。菓子で満開の桜や鶴、あるいは御所車まで作ってしまいます。店頭などにかざっている菓子店もあるので、見た方も多いと思います。ここで言う細工菓子は、工芸菓子ではないでしょうか、人群れがするくらいなのできっと見事な出来だったと思われます。実は、この工芸菓子の歴史についてはわからないことが多いのですが、幕末の銭湯のような人の集まる所に置かれていたというのも興味がわきます。

では、伴四郎はどのくらい銭湯に行っていたのでしょう。同宿の叔父宇治田平三は、相当の風呂好きだったようで、季節を問わず毎日のように銭湯へ行っていました。伴四郎も日記に叔父の銭湯通いを「例の湯屋」などと書いています。

一方の伴四郎は、万延元年十一月から一年間で四十三回の銭湯通いでした。それも五、六、七月の暑い時期は一回も行っていません。行水や腰湯で済ませていたのです。例えば六月二十八日の日記には、「叔父様薬湯屋へ御出、予内にて行水」とあるごとくです。それでも銭湯に行った時には、二階に上がってくつろいでいるので、倹約しつつ楽しむという伴四郎の性格が現れているようです。

では、伴四郎たちが銭湯の二階で行った大宴会を紹介しましょう。十一月十一日、この日も伴四郎は常磐津琴春師匠の元へ三味線の稽古に行っています。琴春からの帰りに銭湯に寄ったところ、寒川孫次郎や定府の二人など藩邸の見知った顔と出会って、二階で碁を始めました。その日は大黒天を祀る甲子の日ということで、さっそく宴会の相談がまとまっています。

定府の二人が酒を二升おごり、伴四郎と寒川が鳥鍋と売肴を提供しています。売肴とは総菜のようなものでしょう。銭湯の亭主も呼んで、二階で番をしている娘も加わり、伴四郎の三味線で歌いかつ踊る大宴会の始まりです。九ツ時と言いますから現在で言えば午前零時頃まで、大いに騒いで面白おかしく楽しい時を過ごしました。亭主もこの時は、「肴取口」をおごっています。当時は、場所と人数と口実がそろえば、酒や肴を持ち寄って即席の宴会を行っていたのでしょう。このような時には伴四郎の三味線も役に立っているようです。

陰暦と太陽暦

江戸時代の暦は陰暦あるいは旧暦（太陰太陽暦）と呼ばれるもので、月の運行を元に作られたものでした。ただし実際の季節の移り変わりは太陽の運行によって決まっています。しかし、陰暦の場合には、これにかかわらず一年を月の運行を元に十二か月に分けるので、実際の季節とずれが出てきます。そのずれを調整するために閏月を設けました。

閏月というのは、十二か月のうち同じ月が二度あることを言い、伴四郎が江戸生活を迎えた万延元年（安政七年三月に改元）には、三月に続いて閏三月があって三月が二度続いたのです。また、閏月は後月とも呼ばれていましたが、閏月のない年もあり、閏月が設けられた月は年によってまちまちでした。そして月の大小も現在とは違い大の月が三十日、小の月が二十九日で、月の大小などを記した暦は家庭の必需品でした。

明治政府は近代化を推し進める必要から欧米の太陽暦（グレゴリオ暦）を採用し、明治五年（一八七二）十二月三日を明治六年正月元旦としました。その結果、ほぼ一か月の違いが生まれ、この約一月の違いが日本人の季節感に大きな影響を与えています。

良い例が節供（節句）でしょう。三月三日の雛祭（上巳の節供）は水辺に出て汚れを払ったり磯遊びをします。また、ヨモギを摘んで草餅を作って食べました。雛祭りに貝を象った菓子を食べるのは、この日が水に関わる日に関係があるのでは、と私は考えています。しかし、新暦の三月三日では磯遊びをするにはちょっと寒そうです。例えば伴四郎が国元で娘の雛祭りを祝った万延元年の三月三日は、新暦に直すと三月二十四日になります。

節供の例をもうひとつ、五月五日の端午の節供には柏餅を食べます。この風習は江戸を中心に広まったものですが、江戸時代の端午の柏餅にはみずみずしい新葉が用いられていました。柏は新しい葉が出るまで古い葉が残っていることから、家系の連続を第一に考えた武家など、当時の人々の気持ちにも沿ったものでした。しかし、今では保存しておいた前年の葉を使っています。また、本来梅雨の晴れ間をさした五月晴れという言葉の使われ方も、随分と違ってきました。

こうした例は年の初めの年賀状にも言えます。あの寒い時に初春と言われてもピンとこないのですが、旧暦の元旦は立春も近く梅の開花をひかえ、まさしく春を迎えるに相応しい時でした。

最近では旧暦を見直す動きが盛んになって「旧暦カレンダー」なども作られています。一度旧暦で季節を味わってみるのも良いかも知れません。

第六章

江戸の季節

和菓子の儀式「嘉定」

六月十六日
朝叔父様嘉定御祝の御品頂戴に出なられ、熨斗頂戴にて御帰り（略）大石直助儀壱ヶ年拾両三人扶持くだされ候（略）今日はよほど暑気強、着巳来初て土用中と覚へ候、夕方雲焼候間、何れ近日雨と察候

六月十六日は嘉定（嘉祥）の日、菓子に深いかかわりがある日でした。例えば京都では天皇から、臣下へ一升六合の米が下されます。その米は、虎屋か二口屋という菓子屋で菓子に替えられています。井原西鶴の『諸艶大鑑』（一六八四年）には、島原の遊郭で二口屋の饅頭、川端道喜の笹粽、虎屋の羊羹など十六種類の食べ物が供される場面が描かれています。

江戸では、もっと盛大に菓子が食べられていました。この日、江戸に在府の大名と旗本は、江戸城に総登城して将軍から菓子を賜るのです。菓子の種類と数は、饅頭五百八十八個、羊羹九百七十切れ、鶉焼《うずらやき》百四十個、あこや二千四百九十六個、きんとん

菓子を賜る幕臣たち。装いも正式な長袴。楊州周延『千代田御表　六月十六日　嘉祥ノ図』（虎屋文庫所蔵）

三千百二十個、寄水六千二百四十個、平麩九百七十個、熨斗《のし》四千九百筋で総数は二万三百二十四にも及んでいます。

これらの菓子が約五百畳敷きの大広間に並べられる様は壮観だったことでしょう。二代将軍秀忠の頃までは、将軍手ずから全員に渡され、将軍も二、三日肩が痛かったということです。しかし、伴四郎の時代には、老中や井伊氏をはじめ特別な大名以外は、数人ずつ菓子をいただき、また将軍も早くに大広間を退出しています。

大名たちは菓子をいただいて、台盤の上に用意されたそうめんを食べて屋敷に戻ります。残った菓子は、儀式が終わった後、合図とともに茶坊主たちが競って取り合うそうです。また、屋敷に戻った大名は、今度は家臣を集めて嘉定の儀式を行いました。大名家出入りの菓子屋は目の回る忙しさだったことでしょう。大名家の嘉定は家々によって差があり、なかには将軍から頂戴した菓子を遠く東北や九州の国元に送る大名もいました。いずれにしても幕府嘉定の由来ははっきりしないのですが、幕府創業の祖、徳川家康にちなむ伝説も残されています。

伴四郎が仕える紀州徳川家などの御三家は、たいを将軍家に献上して江戸城の嘉定には参加しないのですが、藩邸で独自に嘉定の祝いが行われていました。日記によれば叔父宇治田平三は熨斗をいただいています。頂戴する菓子も年によって違いがあったようです。

嘉定は、室町時代頃から盛んになり、明治維新とともに幻の行事となってしまいました。現在、六月十六日は「和菓子の日」です。全国の和菓子業者が、嘉定を現代によみがえらせたのです。

この日、同居の大石直助に、十両三人扶持が支給されることが決定しています。大石は部屋住の身、本来禄はないのですが、江戸詰めということで、特別支給されたのでしょう。その直助等と江戸市民の信仰を集めた神楽坂の毘沙門天に参詣し、帰りには四ツ谷で色々と買い物をしたことなど、参府以来日も浅いあわただしい日常が描かれています。

また万延元年六月十六日と言えば太陽暦に直せば八月二日、あまりの暑さに伴四郎は今日が土用であったことを思い出し、夕焼けから近日の雨を予想しています。江戸に住む人々の自然と季節が感じられます。

七夕のそうめん

七月七日
房事、朝直助・民助両人桜田辺へ大名登城見物に行、(略)節句ゆえさば壱本奢り酒呑む、昼後一休みいたし、八ツ時過そうめん拵喰(略)

七月七日は七夕、伴四郎は昼飯にさばを「おごって」酒も飲んでいます。理由は、節句だからと言うのです。江戸幕府は、人日《じんじつ》(一月七日)、上巳《じょうし》(雛祭・三月三日)、端午《たんご》(五月五日)、七夕《たなばた》(七月七日)、重陽《ちょうよう》(九月九日)を五節句に定め、祝いの行事を行っており、一般でもそれぞれに祝い事が行われていました。この年の伴四郎の七夕の祝い膳はさばで、酒も飲んでいます。また、直助や民助が見物に行った「大名登城」は、七夕の儀式参加のため、江戸城へ向かう大名行列だったのです。多くの家臣を従えて江戸の町を歩く大名行列は、一見の価値がありました。

この日の午後、現在で言えば二時過ぎ頃、伴四郎はそうめんをゆでて食べています。日記に理由の記述はないのですが、七夕にそうめんは付きものの食べ物でした。『東都歳時記』にも、貴賤にかかわらず「冷そうめんを食す」と記されています。秋とは言え、新暦に直せば八月の半ば過ぎ、暑さで衰えた食欲を冷たいそうめんで満たしたのでしょう。それにしても、なぜ七夕にそうめんなのでしょう。

七夕には、日本や中国の色々な行事が習合しています。手芸の巧みな織女に裁縫や芸事の上達を願う「乞巧奠《きこうでん》」もそのひとつです。庭に机をしつらえ、五色の糸や梶の葉、琴、琵琶を置き、他の供物といっしょに索餅《さくべい》を供えます。

索餅は、奈良・平安時代に中国から伝わった唐菓子の一種とされ、別名麦縄とも呼ばれています。名前からもわかるように、細長い食べ物だったのです。平安時代の宮中では、七月七日に索餅を用意しています。小麦粉と米の粉で作り、現在のそうめんの原形とされています。

平安時代から鎌倉・室町時代にかけて索餅・索麵あるいは素麵などと表記され、多くの記録に登場する一般的な食べ物でした。蒸して食べられており、蒸麦とも書かれ、温度によって熱麵、温麵、冷麵などと呼ばれていました。汁につけて食べるのですが、辛子を使うので辛い味でした。京都相国寺の『蔭涼軒日録』によれば、延徳二年（一四九〇）九月、素麵の付け汁があまりに辛く、皆で涙を流しながら鼻を抱えて「満座咖々大笑」といった情景も見られました。

閑話休題、七夕の事です。古代以来の伝統によって七夕の頃には、そうめんを贈る習慣がありました。伴四郎も前日の六日には、出入り商人の大和屋利兵衛から「（七夕の）祝儀としてそうめん五わ」を贈られており、前後九日の間に合計十四把のそうめんを貰っています。

七月七日に食べられた索餅、その後身であるそうめんは、七夕に欠かせないものだったのです。現在では七月七日は、そうめん業者によって「素麵の日」に定められています。また、そうめんの名産地奈良県の三輪では、麦縄という名の菓子を売る店もあります。

そうめんは、小麦粉に水と塩を加えてよく練り、植物油を塗って、よりをかけながら細く延ばして、天日でよく乾燥させます。ゆでて、つけ汁で食べるか、一度ゆでたそうめんを味噌汁や醬油で煮て食べます。後者が入麵・煮麵で、江戸では寒い冬に夜鷹蕎麦が売り歩きました。

ちなみに願い事を書いた短冊や切り紙細工を笹に付けることは、江戸時代には広く行われていました。これは先の乞巧奠の影響ですが、その笹を川に流すのは水辺に棚機を設け、神を祀り穢れを祓う棚機女《たなばたつめ》という神事に由来しています。

季節の味覚　梨

江戸時代の人々は、季節に合わせて旬の食材を味わっています。野菜、魚しかり、果物も季節を感じさせてくれる食べ物です。伴四郎も西瓜、栗、柿などを買っていて、叔父平三も桃を二十個ほど貰ったりしていますが、なかでも群を抜いて多いのが梨でした。はじめて小遣帳に登場するのが六月十八日、この時は叔父様へ梨二個を土産に買っています。しかし、それから一か月ほど梨の名は小遣帳に見えません。七月十八日に三つ、十九日から二十一日は毎日一個ずつ、二十二日に五つを買っています。数日おいて二十八日に二個買っていますが、この数日間は二十二日のものを食べていたのでしょう。八月に入ると一日、十三日、十八日と間遠になります。

伴四郎にとって、七月下旬が梨の旬でした。値段を見てみると四、五、六、八、十、十二、十六文と一定していませんが、八文以下が多いようです。この値段の違いは、大きさや品種の違いによると思われます。梨は品種が多く、江戸時代後期には淡雪という品種が有名でしたが、伴四郎の小遣帳には品種までは書いていません。ただ、ここまで伴四郎が梨を買うのは、安さもあるかと思いますが、江戸の梨がみずみずしく美味しかったのでしょう。

巨大都市江戸の人々の食欲を満たすため、練馬の大根のように各地に名産が生まれています。『武江産物志』（一八二四年）によって果物の産地をあげてみましょう。真桑瓜（成子村・新宿区、府中・府中市）、西瓜（大丸・稲城市、北沢・世田谷区、砂村・江東区、羽田・大田区）、林檎（下谷・台東区、本所・墨田区）、柿（草加・埼玉県草加市ほか）、枇杷（岩槻・埼玉県さいたま市、川越・埼玉県川越市）などが上げられます。もちろん王禅寺（神奈川県川崎市）の柿など、他にも産地や果物の種類は多くありました。

さて梨の産地は『武江産物志』には、川崎（神奈川県川崎市）と下総八幡（千葉県市川市）と記され、ほかに墨田村（墨田区）や生麦（横浜市）などが梨の産地とされています。『江戸名所図会』（一八三六年）では、江戸の東、下総八幡あたりの梨園では、花の盛りの二月には白い花が咲き誇り「雪を欺ごとくに似たり」と記しています。また、西の大森から川崎の東海道にも梨園が広がっていて、江戸を挟んだ西と東に梨の一大産地が形成されていました。余談になりますが、代表的な梨の品種長十郎は明治二十六年（一八九三）川崎で誕生、二十世紀は千葉県松戸で明治三十一年（一八九八）

頃に命名されています。

さて八月以来随分と梨にご無沙汰の伴四郎、十月二十七日横浜見物（202頁参照）に向かう途中の川崎宿で、久しぶりに梨二つを購入、名産地で梨を味わっています。ただし、梨の食べ過ぎは腹を下すので、旅の案内書では食べ過ぎを戒めています。

月見団子

八月十五日

（略）今日は月見の事ゆえ、盆前に柏屋よりもらい置候白玉粉にて予団子をいたし、誠よく出来皆甘狩《うまがり》候、昼過頃房助参り団子芋枝豆くれ候（略）森五三郎方よりまた団子芋枝豆壱重くれ候（略）夕方より民助、五郎右衛門遊ひに来り、団子ふるまう（略）

八月十五日は十五夜、中秋の名月です。月の運行を基準にした旧暦では、毎月十五日頃に満月になります。だから十五夜に月見をするのです。また八月は秋の七、八、九月の真ん中に当たるので中秋です。もともと十五夜の月見は、畑の収穫を感謝する

行事食を大切にした江戸の人々。月見団子は各家庭で作られた。作者不詳『秋』（吉田コレクション／画像提供：虎屋文庫）

行事として行われていました。月にススキとともに月見団子を供えます。また、八月十五日は里芋を、九月十三日（十三夜）には豆をいっしょに供えて食べるので、それぞれ芋名月・豆名月と呼ばれています。

江戸では、家々で米を挽いて粉にし、こねて丸めて蒸し上げて団子を作ります。そして十五夜には月に団子を供えるのです。また一般の家庭や商家でも、一人分十五個の小さな団子を人数分こしらえて家族や奉公人たちに配ります。この団子は大きさや形から鉄砲玉と呼ばれており、「大家から鉄砲玉が十五来る」という川柳は、大家が長屋の店子に月見団子を配る情景を詠んだものです。「十六夜は醤油のこげるかざがする」とあるように、翌日には余った団子をそこかしこで焼いて、町中に醤油の焦げる香りが漂っていました。

伴四郎は、出入りの商人である柏屋から貰った白玉粉で団子をこしらえています。

きっと月にも供えたのでしょうが、大変おいしく出来たようです。日記にも「誠に良くできて、みな美味く食べ」とあり、大好評でした。

この月見団子、江戸と京、大坂では形が違っていました。江戸では丸めた球形の団子を作ります。大きいもので三寸五分（約十センチ）、小さなもので二寸余（約六センチ）と言いますから随分と大きかったようです。『守貞謾稿』によれば京、大坂、江戸ともに机の上に団子を乗せるのですが、江戸の団子は丸く、京と大坂は「小芋の形に尖らす」とあります。京坂の団子は、まさしく芋名月の名にふさわしく里芋の形に似ています。また、豆粉に砂糖を加えて衣にすると書かれているので、いわば黄粉の衣掛け団子です。ちなみに現在では、小芋形の月見団子のまわりに餡をまく菓子屋もあります。

伴四郎の日記に戻りましょう。この日友人の岡見房助から団子、芋、枝豆を貰っています。彼とは日常的に行き来し、一緒の外出も頻繁にする仲で、この時も叔父、伴四郎と一緒に市ヶ谷八幡に参詣に行っています。もう一件、中奥小姓の森五三郎からお重に入った団子、芋、枝豆が到来です。五三郎は叔父や伴四郎に衣紋の稽古をつけてもらっている人物で、何かと伴四郎たちに気を使ってくれ、五三郎の自宅で御馳走にもなっています（190頁）。

伴四郎がよく通った市ヶ谷八幡。門前には水茶屋がならび芝居小屋などもある歓楽街。歌川広重『江戸名所百景　市ヶ谷八幡』（個人蔵）

十五夜の日には、互いに団子、里芋、枝豆を贈り合う風習があったようです。この日は芋名月ではありますが、芋だけでなく豆も一緒に贈っています。翌月十三日の十三夜の月見には、団子のほかに、栗や豆（大豆）を供えるので、栗名月あるいは豆名月と言われています。最近知ったことなのですが、この頃の若い人は枝豆が大豆ということを知らずに、枝豆という種類の豆と思っている人が多いようです。また、日記によるといつものごとく夕方に遊びに来た五郎右衛門と民助に団子を振る舞っており、団子づくしの一日でした。

それにしても、伴四郎の作った団子の形や味はどのようなものだったのでしょう。

ちなみに『武江年表』によれば、この日の夜は「月清光、一点の雲なし」という晴天で「諸人、月宴を催し」たとあるので、絶好の月見日和でした。伴四郎は団子や枝豆だけでなく、月を愛でたのでしょうか。日記にはなんの記述もありません。

さて、房助たちと参詣した市ヶ谷八幡の帰りに、そば屋に入ってあなご鍋、どじょう鍋そしてそばにて酒を二合飲んでいます。三人で二合ではなく伴四郎一人で二合でしょう。それにしても江戸時代のそば屋のメニューの豊富さには驚きます。実はこの時、叔父平三はいつの間にか伴四郎の日笠を被って、自分の笠は長屋において来ています。伴四郎は、そんなことをしても平気な叔父を「如何なる事にて候」と心のなかでなじっています。

食の節目

九月九日
（略）今日は節句の事ゆえ、直助薬喰の小豆の煮汁と小豆共に少々貰、赤飯を焚、至極よく出来候、然ところ時期にて魚類はこれなく淋し々鰹節にて祝ひ候、また夕飯に酒を壱合奢り、焼きとふふ（豆腐）にて呑（略）

今日は重陽《ちょうよう》の節句、重陽は縁起の良い陽数（奇数）の極まった九が、ふたつ重なることに由来しています。別名菊の節句とも栗の節句とも呼ばれ、菊酒が飲まれ、栗飯が食べられます。

われらが伴四郎、節句ということで、貰った小豆とその煮汁を使った赤飯を炊いて、「至極」良かったとご満悦です。ただせっかくの節句に魚類がなく、かつお節で祝っています。なにかさびしい気もしますが、夕食には酒一合を奮発して、焼豆腐で酒を飲んでいます。

節句は季節を彩る年中行事として、現代の人々にも親しまれています。また節句にはその日に付きものの食べ物があります。五節句を順に見てみると、一月七日の人日《じんじつ》は七草粥、三月三日の上巳《じょうし》（雛祭）には草餅や菱餅あるいははまぐりなど、五月五日の端午は柏餅や粽、七月七日の七夕ではそうめん、九月九日の重陽には栗や菊酒などです。

江戸時代の人々は、節句を祝いながら、それを口実に美味しいものを食べていました。すでに紹介したように、七夕にはそうめんは勿論のこと、伴四郎も「節句ゆえ、さば壱本奢り酒呑む」とあるので、さばを肴に酒を飲んでいます。また、直助は重陽の節句を理由に薬喰をしています。薬喰とは、猪などの獣肉を食べることを言います。節句は、季節を感じる節目であるとともに、それにふさわしい食べ物を求め、日常の生活に潤いをもたらす役割も果たしていたのです。

江戸時代には、月のうち日を決めて簡単な酒肴を用意する習慣がありました。それは伴四郎のような武士だけでなく商家などでも同様で、そのことを家訓などで明文化している店もあります。伴四郎の場合、月のうち一日（朔日）、十五日、晦日がその日にあたります。そのうちのいくつかを紹介しましょう。

十月朔日、この日は朔日ということで、酒一合を買い求め飲んでいます。つまみは焼豆腐と買い置きのさけですが、前文に「今日は魚類がないのでようやく」という意味の文章がありますので、酒の肴にはそれなりの工夫をしているようです。そう言えばかつおにあたって苦しんだのも、八月朔日のことでした。

七月十五日の日記には「今日は十五日ゆえ、いわし奢る」と書かれています。いわしは当時から安価な肴で庶民の味方、伴四郎も一番多く買っている魚ですが、十五日の節目にいわしを「おごる」というのも伴四郎らしい気がします。

伴四郎にとって毎月晦日は、そばを食べる日でした。晦日を理由に、八月は天ぷらそば、九月にはそばで酒を一合飲み、十一月には、肴は不明ですが、そば屋で酒を二合飲んでいます。どうも酒も晦日の楽しみだったようです。

それにしても当時の人々は、食べ物を生活のなかに上手に取り込んで、豊かな食生活を営んでいたようです。また十月三日に玄猪の餅を頂戴していますが、これは十月最初の亥の日に食べる餅のことで、この日の夜には在府の大名は総登城して将軍から亥の子餅を頂戴します。嘉定のように武家社会の年中行事にちなんだ食べ物も、彼らの季節感を豊かにしています。

精進落しのさけ

九月十日
（略）さて今日は例の通精進（神）ゆえ、精進落に二尺五寸ばかりの鮭を弐百五拾六文にて買帰候、もっとも塩引諸物の割には若山（和歌山）より大に安き事（略）

この日伴四郎はさけを買っています。塩引きとあるので、塩漬けのさけのことです。さけと言えば北海道のイメージが強いのですが、明治時代以前には、東日本を中心に多くの河川に遡上が見られ、各地に名物料理がありました。江戸時代、さけの名産地として奥州の衣川《ころもがわ》や越後のほかに、水戸、庄内、越前、若狭、松前などが知られています。

塩漬けした荒巻ざけは、東日本を中心に歳暮の贈答品として喜ばれていますが、西日本では塩漬けのぶりが、新年の縁起物として贈られます。

安価で美味しく、塩漬けなどで保存のきいたさけは、昔から庶民の食卓を飾っていました。伴四郎もいわしに次いでさけをよく買っており、万延元年十一月からの一年間で十八回、金額は合計四百六十一文で、だいたい切り身でした。しかし、この日は七十六センチほどのさけを一尾買っています。なかなかのぜいたくのようにも思えますが、和歌山よりも随分と安いとあるので値段にひかれたのでしょう。この値段の違いは、さけの漁獲から加工あるいは産地からの流通条件の違いからくるのでしょう。

さけは生魚でも食べられましたが、やはり保存のきいた塩漬けや味噌漬けが一般的でした。かつて弁当に入れられた、とても塩辛い焼きさけを思い出される方も多いと思います。伴四郎もおもに焼いたさけを食べています。やはり塩引のさけは、焼くのが最も手軽な調理法でした。

この時のさけは大活躍でした。九月二十六日には、一切れの焼きさけを皆で食べ、十月一日は「買置の鮭にて呑」とあるので、さけを肴に酒を飲んでいます。この間、約一か月近く、伴四郎の食卓をにぎわしたことになります。

さてこのさけは、精進落しとして買われています。近親者の忌日に、肉や魚食を避けることを精進、その日のことを精進日といいます。伴四郎は毎月十日に精進を行い、夕食には精進落しに魚を食べています。たとえば十一月十日には精進落しとして、穴子と焼き豆腐で酒を一合飲んでいます。この精進は、伴四郎にとってどのような人の忌日かはわかりませんが、精進が江戸時代の人々にとって、日々の生活の節目ともなり、亡き人を思うよすがになったのでしょう。

酉の市と雁鍋

十一月八日
極晴天、今日は酉待にて鷲《おおとり》大明神の御祭ゆえ、佐津川源九郎を誘ひ、叔父様と予三人連にて出、上野にて煙せるを買、それより名高き雁鍋え這入り候ところ、おびただしき客にて居り所もこれなく、ようやく押分け居り、雁鍋にて酒五合呑立出、それより鷲大明神え参詣仕候ところ、おびただしき参詣群衆、爪の立所もこれなく候（略）芋頭を湯煮して買《ママ》候店も中々おびただしき、参詣人は悉く買て帰（略）浅草へ来り空腹に成候ところ、料理茶屋へ這入候ところ、おびただしき客の込合にて手が行届かね、暫く待され、ようやく茶碗蒸、かれいの甘煮にて酒壱合呑飯を喰、それより観音え参詣（略）上野へ来候ハハ、早雁鍋にも客断りの札出しこれあり（略）市谷え来り候ハハ六ツ時になり、めしのさいには小はだの付焼を買帰り候（略）

十一月の酉の日には酉の市が開かれますが、なかでも浅草下谷の鷲《おおとり》神社が有名です。日記に酉待とありますが、江戸時代には「とりのまち」と呼ばれていました。まちは祭の意味、本格的な冬の訪れとともに、江戸の人々は福を求めて酉の市に集まります。

伴四郎は叔父様と佐津川源九郎の三人連れで鷲神社へ向かい、途中の上野で「名高き」雁鍋屋に入りました。おびただしい客の数に、自分達のいる場所もなく、押し分け押し分け場所を確保、やっと雁鍋にありつき酒を五合飲んで身体をあたためます。雁は古くから食膳にのった鳥で、江戸時代初期の料理書『料理物語』にも「汁、ゆで鳥、煎鳥、皮煎、なま皮、さしみ、膾、串焼、せんば、酒浸、其他」とあり、たくさんの調理法がありました。伴四郎達は鍋料理なので、醬油仕立てか味噌仕立ての汁に雁と野菜を入れて食べたのでしょう。この日の店の混み方は、有名店というだけではなく酉の市を訪れる人々が多く立ち寄ったからと思われます。

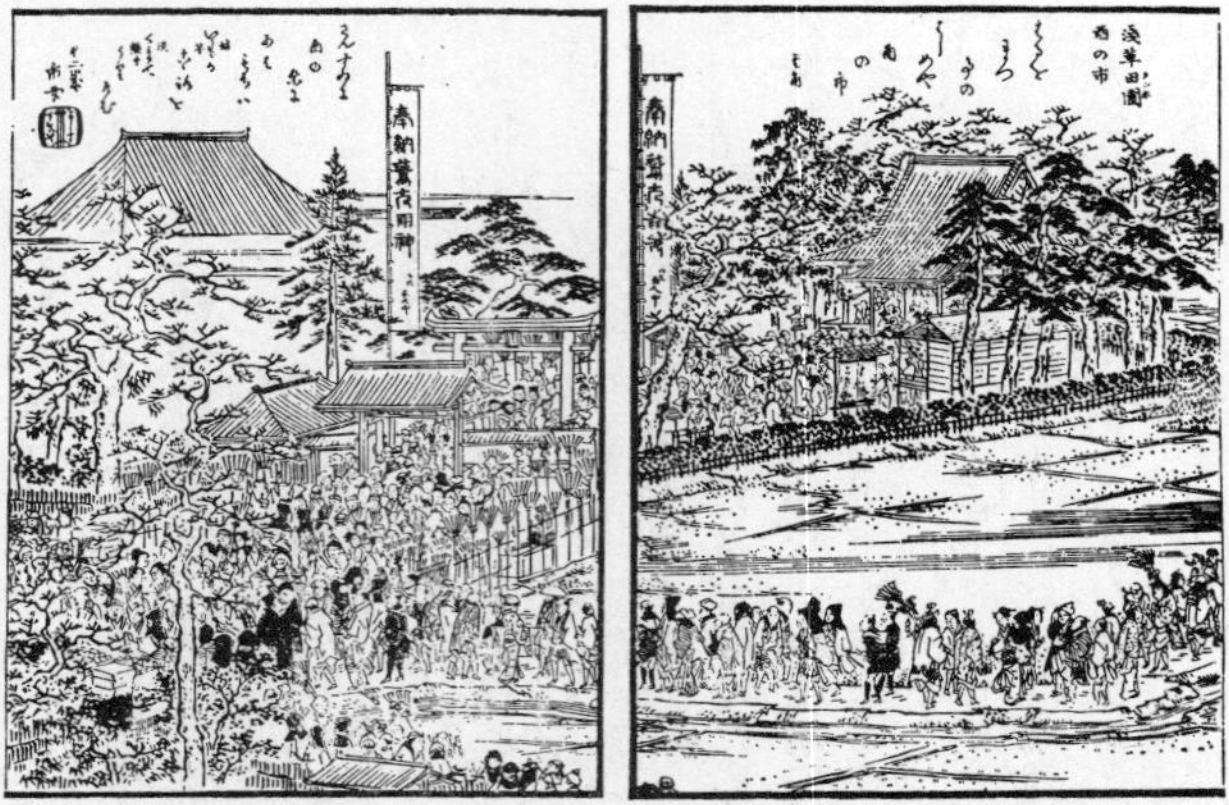

酉の市名物、熊手を買って帰る人々の行列。『東都歳事記』(『日本名所風俗図会3 江戸の巻1』角川書店)

鷲神社も大変な人出、参詣人が群集してつま先立ちする余裕もないと驚く伴四郎です。参詣人たちは俵、御多福、大（福）帳、的に矢の他、めでたい物で飾った熊手を買い求めています。遊女屋など「人寄」の商人達はひとつの熊手に一両、二両、三両と大金を出しています。きっと縁起をかついでのことでしょう。この大きな熊手を人混みの中で上に差し上げる様は「誠に立派」と伴四郎も感心しきりです。また、芋頭を売っている店も多く、参詣人はみな買って帰るとあります。この芋頭は蒸した八頭《やつがしら》を笹に通したもので、八頭を食べれば病除けになります。

その後、吉原の焼け跡などを見物して

浅草へ、また空腹になって料理茶屋へ入りましたが、ここも大変な混みよう、この日一日で「おびただしい」という言葉を四回も使っており、酉の市の浅草辺りは人混みばかりだったのでしょう。この茶屋では、大勢のお客に手が回りかねた様子、しばらく待たされて茶碗蒸にかれいの甘煮で飯を食べて酒も飲んでいます。生姜と醤油に、味醂と砂糖で甘く煮付けたかれいは淡白な味わいですが大変美味しいものです。食後は浅草寺へ参詣して帰途についていますが、先程の雁鍋屋は早くもお客お断りの札が出て閉店、こうした騒ぎが一の酉、二の酉、年によっては三の酉と続きます。

藩邸近くの市ヶ谷で飯のおかずにこはだの付け焼きを買っていますが、これは翌日の昼飯用でしょう。大いに食べて、福を呼ぶべく楽しんだ一日でした。

寒入の餅と酒盛

十一月二十五日

（略）帰りに琴春方へ行、又其帰りに漬物屋へ寄り候ところ、御門番之喜兵衛・今壱人若男・勝（助脱）・同内儀四人にて酒呑居り候ところえ這入、これ幸也とて、根

深・揚豆腐・蛤・餅入の雑煮にて酒呼ばれ、それより又そは三ツ食帰り候、当地寒の入には右の雑煮何レも喰候由

琴春での稽古帰り、漬物屋（上総屋）に立ち寄った所、藩邸門番の喜兵衛と見知らぬ若い男、主人の勝助と女房が酒盛りをしています。上総屋は出府当初にご馳走に招いてくれた店で（75頁参照）、女房は伴四郎の洗濯や繕い物をしてくれる懇意な仲です。これ幸いと酒盛りに参加する伴四郎、肴はねぎに揚豆腐、蛤と餅の入った雑煮です。シンプルな雑煮ですが、美味しく身体も暖まりそうです。それもそのはず、江戸では冬至から十五日目にあたる寒の入りに食べる雑煮だったのです。和歌山にはそのような風習はないようです。

この時、酒盛りに門番も加わっていますが、そう言えば門限に遅れて門番に渡した「賄賂」を借りたのも上総屋でした。その上総屋に門番がいるということは、上総屋を中心とした付き合いのなかに伴四郎も門番喜兵衛もいたことになります。伴四郎が身をおいた「藩邸社会」は、このような身分を超える付き合いの「場」だったのです。

さすがに寒の入り、翌日はあまりの寒さに伴四郎は終日長屋に「引籠」っており、寒さしのぎは中七で買った酒と肴のさけでした。

第七章

江戸との別れ

送別会の日々

すでに触れましたが、旧版刊行後に伴四郎に関する新史料が出版され、その後の伴四郎の様子が少し明らかになって来ました。その新史料の中には、約一年七か月にわたる江戸勤番を終えて、和歌山に帰る直前八日間の日記がありました。前の日記から約一年ほど空いていますが、それによって伴四郎最後の江戸八日間を見てみましょう。

文久元年（一八六一）十一月二十四日

（略）左京様御屋敷内小林・竹内・高岡・小野田へ暇乞に行、さて高岡当番ゆえ御殿の中之口にて逢、それより三きんへ行、鴨鍋・指《（刺）》身などにて呑おり候ところへ、小林金右衛門来り、又肴茶碗に蛤鍋拵させ、お若三味弾大騒きいたし、帰りに猪口二ツ呉（略）

この日、伴四郎は忠兵衛を供に召連れ、安藤邸に暇乞いに行っています。忠兵衛というのは、以前の日記には登場しなかった名前ですが、伴四郎達が小者として使っている者と思われます。安藤は出府早々に挨拶に出向いた和歌山藩付家老安藤飛騨守のこと（61頁参照）、出府と帰国に際して「偉い人」への挨拶は欠かせません。ただし、今回は手土産について日記・小遣帳ともに書かれていないので持参しなかったのでしょうか。

挨拶を終えて忠兵衛を帰し、伴四郎一人で渋谷の西条藩上屋敷へ友人を訪ね、帰国の挨拶です。何度か触れてきたように、和歌山藩の支藩である西条藩の藩士たちとは常々交流があり、彼らのうち小野田と小林は、江戸へ向かう道中を一緒にした人達です。

伴四郎たちが入った「三きん」という名も以前の日記には出てきません。その後懇意になった料理酒店でしょう。送別会の肴は刺身や鴨鍋、蛤鍋などです。これまでも外食、自炊を問わず鍋料理は一年を通して食べられていますが、現在の鍋料理のイメージとは随分と違っています。現在、鍋料理といえば、大勢で一つの鍋をつつきますが、江戸時代は小さな鍋を一人か二人くらいで食べます。こうした鍋を小鍋と言い、小鍋立とは江戸で発達した鍋料理を言います。この時は三味線が入っての「大騒ぎ」、弾いているのはお若という女性、店の女と思われます。

帰りには猪口二つのお土産を貰いました。猪口といえば横浜岩亀楼の出来事を思い出しますが（204頁参照）、出発の日も迫った十二月朔日に陸尺の龍之助や藩士の片野達からも猪口を貰っているので、当時は記念に猪口を贈ることがあったのでしょう。この時に伴四郎が三きんへ払ったのは一貫文（約二万円）、結構な金額になりますが割り勘か奢りかはわかりません。

さて伴四郎の送別会の続きです。十一月二十六日は昼過ぎに「三人」で三井へ衣紋の稽古に行っています。三人とは以前同様に叔父様、伴四郎、大石直助のことと思われますが、直助の日記への登場が、たった八日間の記述の内ではありますが、めっきり減っています。特に酒盛りや遊山などに直助の名が出て来ることがなくなりました。詳しいことはわかりませんが彼との関係に変化があったのでしょう。ひょっとすると直助は別の長屋に移っているかも知れません。

三井では送別の意味も込めたのでしょうか、御馳走です。献立は玉子の吸い物、つまみとしてインゲン、蒲鉾、長芋の寄せ物、巻玉子、まぐろの刺身、そして寄せ鍋。飯に蒲鉾、椎茸、せり、汁は豆腐です。食材の名から料理をどのように考えるかで難しいのですが、寄せ物は色々な食材を寒天などで固めた物。巻玉子については193頁をご覧ください。まぐろの刺身は幕末、少なくとも伴四郎の日記では刺身の定番になっています。寄せ鍋は色々な魚介や野菜などの食材を醤油、味醂などで薄く味付けをして食べます。古い史料には見えないので比較的新しい料理と思われますが、現在では寒い時期の鍋料理の定番、冬の季語にもなっています。

夕方に帰宅すれば川上から誘いがあって大勢で酒宴です。「馳走は色々」とあるばかり、なぜかと言えば伴四郎は「大酔」してとんと覚えていないのです。酒宴は「大騒」で、帰りは四ツ時（午後十時頃）になりました。帰国を間近にして送別会の日々は続きます。翌二十七日の昼後、叔父様と伴四郎が稲葉からお呼ばれ、かれいの刺身、煮魚にて酒をいただきました。

二十八日には荷造りに余念のない伴四郎ですが、夕方から中瀬、山口、田中とともに四人にて寄鍋で酒盛になりました。飲んだ酒は一升ほど、今日も「大に酔」って「伏」とあるので酔いつぶれたのでしょう。このところ酔ってばかりの伴四郎です。

十二月二日　晴天

（略）夕方より酒井親子・近藤・中野・広井・松井・大石・民内の家三人・田中楠五郎右衛門・義八・片桐招き大騒キ、予も大に酔ふ

十二月朔日は帰国の手続きなどで叔父様に「大にしかられ」る伴四郎、前日にも

「大にしかられ」ているので伴四郎のストレスが心配になってきます。師匠で上司、その上あまり気が合うとも言えない叔父平三との同居は大変です。それでも帰国前の暇乞いは必要な事、十一月二十九日には先の忠兵衛を供に「三人」で諸方に暇乞いでです。

伴四郎のもとに別れのあいさつに来てくれる人々も多くいて、餞別をくれる人もいます。十一月二十九日に西条藩士の小野田が「麻裏壱足ツ、」を叔父と伴四郎に届けに来てくれました。麻裏とは、麻糸を平たく編んだ組緒を裏に縫い付けた麻裏草履のこと、これならあまり荷物になりません。

十二月一日には、何かと世話になった御納戸頭の片野八太夫、中奥小姓の森五三郎、大御番格小普請の高橋直三郎が「中合にて」、真綿、猪口二つ、海苔二つをくれました。中合とは相談の上、共同で贈るという意味でしょうか。この当時の江戸で海苔と言えば浅草海苔、浅草の名で売られましたが、当時は品川や大森あたりが産地でした。これも軽いものばかりですが、ちょっとお高い餞別です。

この日には陸尺の龍之助が猪口とさらさの風呂敷を届けてくれました。龍之助には在府中随分世話になっています。この時の「さらさ」とは更紗の事でしょう。更紗はポルトガル語の saraça に由来するもので、人物や鳥獣、草花などを色染めした綿布です。これも軽く道中の苦にはなりません。

そしていよいよ帰国前夜の十二月二日です。出立の準備や出入り商人釘屋への支払い勘定（一両＝十二万八千円）などで忙しく、また大勢の人が「暇乞歓」にやってきました。夕方には酒井親子、近藤、中野、広井、松井、大石、民内の家族三人、田中楠五郎右衛門、義八、片桐らを招いて大宴会です。料理などの記述はありませんが、またも「大騒キ」して「大に酔ふ」伴四郎です。一年七か月ぶりに帰る故郷や幼子と家族を思っているのでしょう。一方で江戸で出会った人々や江戸での暮らし、訪れた土地土地を思い出しているのかもしれません。

八日間の日記ですが、登場する人物には佐津川や小野田あるいは片野八大夫といった周知の名前もありますが、私たちの知らない人物が多いようです。最初の日記にあれほど登場した五郎右衛門の名もありません。伴四郎と同じ勤番者ゆえ帰国してしまったのでしょうか、未発見の一年分の日記を見たいものです。

伴四郎大変

十一月二十五日

（略）小梅へ廻り、小倉庵へ這入り、先馳走はキスの吸物、ツマミ物に指《(刺)》身、茶碗、汁粉、何レも生体知レ兼候味事（略）

伴四郎の日記には琴春以外、あまり女性の話は出てこないのですが、こんなことも書かれていました。

その日は鷲大明神の酉の街（酉の市）です。朝四ツ時頃（午前十時頃）に叔父様、伴四郎、佐津川、高瀬、志賀の五人連れにて、鷲大明神へ参詣に行きました。伴四郎二度目の酉の街、江戸最後のちょっとした遠出です。帰国間近い伴四郎たちを送別する意味もあったのでしょう。まずは神社を参詣して百文ほどの買い喰です。それから吉原を通り抜け、浅茅が原から橋場に出て、今戸から隅田川を舟で三囲神社に到着、小梅の小倉庵という料亭に入ります。

小倉庵は江戸でも名高い料亭で、料理のほかに汁粉でも知られていました。現在は左党と甘党などと区別していますが、江戸時代の人々は酒もよく飲みますが、甘いものも好きという人が多いようです。まずはきすの吸物とつまみは刺身と茶碗物、勿論名物の汁粉も賞味しています。しかし、「いずれも正体知れない」味と書いているので、伴四郎の口には合わないものでした。この時の小倉庵への支払いは銀六匁一分五厘（約一万二千三百円）、随分と高い正体の知れないものになってしまいました。とは言っても酒は「したたか」飲んでいるので、さすがは伴四郎です。

これより先、鷲神社で志賀とはぐれ、両国橋に着けばすでに日暮れて、松井町（現墨田区本所松井町）で叔父様と佐津川ともはぐれてしまいました。残ったのは伴四郎と高瀬のようです。日記には「夫より大変となり候」とだけ書かれています。最初、この部分を読んだ時に、何が「大変」と疑問に思ったのですが、小遣帳に謎をとく鍵がありました。小遣帳には松井町の出金として金二分三朱（約八万八千円）を記しています。「大変」な金額です。調べてみれば松井町は岡場所でした。江戸で公認の遊郭は吉原のみ、他は非公認の私娼を置く岡場所ということになります。江戸には深川をはじめ非常に多くの岡場所があり、伴四郎の和歌山藩邸近くでは鮫が橋の岡場所が有名です。日記には吉原や内藤新宿の遊郭見物の記述はありますが、伴四郎自身が「登楼」した節はありませんでした。この話を女性の友人に話したところ「伴四郎おまえもか」という答えでしたが、江戸時代は遊郭に対する考え方も現在とは随分と違っていたようです。

和歌山へ

約一年七か月におよぶ江戸勤番もいよいよ終わりに近づいてきました。送別の宴や餞別、「大変」なことになったたりと忙しい毎日ですが、国許への土産も忘れてはいません。小遣帳から土産と思われる物を拾ってみたいと思います。

十一月二十一日芝で買った「子供持遊人形」（百五十文＝三千円）は一人娘の歌へ、「すき櫛五ツ・三ツ櫛」（五百四十文＝約一万八百円）は妻などへの土産でしょうか。一年以上離れた家族、それも夢に見、藩邸門前での捨て子にわが娘を思って涙した思いが詰まっているようです。二十三日には沢山買物をしています。まず「笑ひ絵」（三百文＝六千円）を買っています。詳しい内容や絵柄は不明ですが、滑稽な内容の錦絵と思われますが、笑絵には枕絵（春画）の意味もあります。錦絵は江戸の市民らに親しまれる一方、江戸絵とも言われ江戸土産の代表格でした。仙女香は先に紹介した白粉、きっと妻への土産です。日常品ですが眼鏡（十匁＝二万円）、まげの髻《もとどり》を結ぶ元結（四百文＝八千円）、煙草入（二百六十四文＝五千二百八十円）や楊枝（百二十文＝二千四百円）は自分への江戸土産でしょう。

江戸最後の大宴会の翌十二月三日朝六ツに藩邸を出発して、大森で餅を食べ荷物持ちの人足を雇って、多摩川の渡しを舟で渡れば川崎宿、ここでは万年屋で昼食です。万年屋は横浜見物の一泊旅行の時に利用しました。やはり名物奈良茶飯を食べたのでしょうか。

叔父様はここから駕籠に乗って保土ヶ谷で一休み、餅を食べていますが、名物牡丹餅と思われます。帰国の時に通った東海道には、美味しい名物がたくさんありますが、伴四郎のはじめての江戸滞在日記はここで終わっており、それ以後の日記は残っておらず、わかりません。いつか東海道名物をご紹介したいと思います。

和歌山には十二月十八日に到着、国許での平穏な日々が戻ってきました。

終章

伴四郎のその後

旧版は万延元年五月から十一月までの日記をもとに伴四郎の食生活を紹介しました。その他の史料が失われたため、その後の動静などについては島村妙子氏の論文に依拠することが多かったのですが、「はじめに」でも触れたように小野田一幸、高居智広氏が伴四郎の新史料を翻刻してくださったので、新たな伴四郎の生活が浮かびあがってきました。終章ではその後の伴四郎の生活についてご紹介します。

竹の子でご挨拶

元治二年（一八六五）三月十一日
　晴天、八ツ時過赤坂御屋敷へ着、片野八大夫方より色々世話に相成、諸道具貸くれ、又酒肴にあい申候

文久元年（一八六一）十二月に帰国してからの伴四郎の生活については具体的なことはわかりません。しかし、約三年二か月後の元治二年（一八六五）二月一四日、藩主茂承の参勤にかかわって、叔父宇治田平三の付き添いとして江戸行きを命じられました。和歌山を二月二十二日に出発、二十四日に京都に到着して三泊して二十七日に

東海道から江戸を目指しました。非常に短い京都滞在ですが「京都茶代」として金二朱（約二万六千円）も払っているので、どこか京見物にでも行ったのでしょう。

道中の日記は残っていませんが、三月十一日八ツ時（午後二時頃）に赤坂の藩邸に到着、御納戸頭片野八大夫に色々と世話になり、当座の生活道具を借りた上にご馳走になっています。八大夫は前回の勤番の折に、叔父平三と伴四郎が衣紋稽古をつけた人物で、日常的に世話になったり、帰国にあたって餞別をくれたりしています。初日から大変世話になっていますが、今回の出府では八大夫の自宅で衣紋稽古を行うことになりました。その稽古の後には「大に馳走」（三月二十七日）になったり、「かきまぜすし」（四月三日）を呼ばれたりもしています。なお、この時のかき混ぜ鮨は重箱に詰めてお持たせになりました。

小遣帳を見てみると三月十八日、その片野へ「挨拶」として六百文（約千二百円）の竹の子を買っています。これから色々と世話になるお礼として「挨拶」の竹の子でしょう。翌日には高井国之助にも「挨拶」として五百五十文（約千百円）の竹の子を買っています。高井は日記方という職にあり、色々な届書などで世話になる人です。

竹の子は古くから建築材はもとより食用にもなり、身近な存在です。竹の子は種類も多いのですが、食用として孟宗竹がよく知られています。この孟宗竹の歴史は意外と新しく、江戸時代に日本へ伝わったということです。江戸には安永八年（一七七九）に品川の薩摩藩邸前に琉球産の孟宗竹を植えたのが最初とも言われていますが（『武江年表』）、大体十八世紀後期には入ってきたようです。蜀山人こと大田南畝《なんぽ》は『奴師労之《やっこだこ》』（文政元年〈一八一八〉）の中で若い頃には孟宗竹が珍しく、わざわざ大久保戸山（新宿区）まで見物に行ったこと、日向高鍋藩秋月侯の屋敷でもてなされた孟宗竹の羹《あつもの》が「味ひ殊に美なり」と賞賛しています。

八大夫達は竹の子をどのように料理したのでしょう。竹の子はエグ味が強いので、アクを抜いてから調理します。しかし掘りたての竹の子は生でも食べられ、輪切りにして鰹節の出汁に醬油を少々垂らしても良く、あるいはわさび醬油で刺身にしても美味しく食べられます。またワカメとの相性も良く、一緒に煮物にされますが、丸焼きや竹の子飯も美味です。丸焼きは、皮の付いたままの竹の子を蒸し焼きにしてから皮を取り、水か熱湯で洗って適宜切って山椒、わさび、胡椒と醬油で食べます。江戸時代の竹の子飯は、現在のような味付けご飯ではありませんでした。柔らかなところを塩煮にして切った竹の子を白いご飯の上に載せて、だし汁を掛けます。薬味には紫蘇、山椒、浅草海苔などを用います。

伴四郎自身も竹の子を料理しています。四月七日に「さて昼飯に竹の子すし拵る」

とあるので竹の子で鮨を作っています。江戸時代の料理書の竹の子鮨には何種類かあり、煮て味をつけた竹の子を薄く切り、すし飯の上に並べて押しをかけた押し鮨、竹の子を丸ごと煮て節を抜いて中にすし飯を詰めて押しをかけ水気を抜いたものもあります。伴四郎の竹の子鮨はどのようなものだったのでしょう。

鮨と言えば先に片野八大夫にご馳走になっていますが、竹の子を贈った高井国之助からも「かきませすし」（かき混ぜ鮨）を貰っています。深さ七寸（約二十一センチ）の重箱に詰められているので、随分と量の多いかき混ぜすしです。内容はわかりませんが「誠にうまき事」と伴四郎もご満悦です。きっと季節の野菜や魚介などを使った五目ずしのようなものだったと思われます。

伴四郎日光へ行く

四月十五日

晴天、朝六半時より御別当大楽院へ岡野殿の供して参り、御宮残らず拝見、四ツ時比帰、それより六七人連にて雰《（霧）》降瀧見物に参り、帰りに色々買物いたし、夕方帰り候、さて日光宮様より餅弐・煮〆拝領これあり、何レも配分元治二年（一八六五）は、元和二年（一六一六）に亡くなった徳川家康の二百五十回忌にあたります。四月四日には御用部屋に呼ばれ「権現様二百五十回御忌御法会の節、御用これあり候付、日光えまかり越すべく」という命令を受けています。具体的な職務は、衣紋方として随行して、藩主の名代である家老岡野伊賀守の装束に携さわることです。小野田氏の「解説」にもあるように、伴四郎の今回の出府は、この日光行きを一つの目的としていたと思われます。伴四郎は、命令を受けた足で岡野へ礼に行っています。

岡野伊賀守、名は白明といい幕末の和歌山藩政に重きをなした人物で、文久二年（一八六二）海防御用惣奉行、三年加判（家老）などを歴任し、四年に諸大夫となって伊賀守を名乗っています。蛇足になりますが諸大夫というのは正式に五位に任ぜられた人のこと、近江守などの受領を名乗り、武家では大名や旗本が任ぜられます。普通大名の家臣は、家老でも国司信濃や福原越後のように国名だけを名乗ります。しかし、御三家の家老は正式に叙爵して受領名を名乗ることが出来るのです。

正式に日光出張を命じられる前、四月朔日には岡野宅に呼ばれ、装束や諸道具の点検を行っています。檜扇が女物であったり、裾の色が伊賀守の年齢に合わなかったりと色々不都合がありましたが、とりあえず「皆具のこらず」伊賀守が試着しています。四日も岡野邸で稽古、六日の稽古には伊賀守も「見物」に来ています。その後、出張手当として金六両一分と銭二百五十二文を受取り、準備も進んでいます。ちなみに出張手当を貰った日の夕方に、四ツ谷の料理屋で叔父様に「酒肴」を振舞っているのは、日光出張の仲立ちをした上司への御礼です。小遣帳には金二朱と三百文（約一万六千六百円）を「叔父様へはづミ」と記しています。

出発を前にした十日の夕方に坂下で髪を結っています。前の出府の時は、同じ長屋の直助に二十文で髪結を頼んでいたのですが、今回は坂下の髪結床に行っています。代金は三十二文（約六百四十円）、大体四日に一度通っているので、それなりの出費です。

十一日朝には岡野宅から出立、松戸、小山と泊まり、翌日には日光という徳治郎宿では岡野から酒肴が出され酒盛りです。十四日の八ツ時（午後二時頃）に日光に到着、老中水野和泉守の旅宿へ出向く岡野伊賀守のお供をしています。

十五日には日光東照宮別当の大楽院へ岡野の供で行き、お宮を残らず拝見。その後は仲間達と霧降滝を見物して「色々買物」です。日光で買った物は、米々箸（二百文）、土瓶敷（三百文）、杖（百文）、羊羹（一貫九百五十文）、唐辛子（二百文）、菓子盆（三百八十文)、絵図(三百五十文)、鼻紙(五十文)、煙草(五十文)、猪口(二百文)、草履(二百八十文)と実に色々で、金額も総計四貫六十文(約八万千二百円)と結構な金額です。なかでも羊羹に一貫九百五十文(約三万九千円)もかけていますが、叔父様をはじめ藩邸の人々への土産なのでしょう。実は羊羹は現在に続く日光名物なのです。この日は日光宮(輪王寺宮公現入道親王)から餅二つと煮染めを頂戴しています。徳川家康の廟所のある日光東照宮や輪王寺、上野の寛永寺を管掌する人を輪王寺宮(日光宮)といい、歴代皇族が勤めていました。

翌日は一日中装束の準備。十七日は朝五ツ半時頃(午前九時頃)に御宮へ参って「御渡」を拝見してから、宿坊の護光院へ行き「色々大に馳走」を頂いています。料理の内容は別に献立帳に記すとありますが、残念ながら献立帳は残っていません。大ご馳走の後は岡野伊賀守に装束を着付け、伊賀守は藩主の名代として御宮での神事に出席です。伴四郎は留守番をして九ツ時(午後十二時頃)に宿へ帰れば慌ただしく出立の準備です。

十八日出立して、その日の宿泊地である宇都宮では岡野方よりの酒肴にあずかっています。「魚にて」とありますが、魚の種類は不明です。古河、越谷と宿泊を重ねて、二十一日七ツ時(午後四時頃)に長屋に到着、それから岡野宅でまたまた「色々大に御馳走」ですが、これも料理の内容は分かりません。翌日に岡野にお礼を言上して、二十三日には二尺五寸（約七十五センチ）あまりのはまちと一尺五寸（約四十五センチ）あまりの黒だいを岡野に進上しています。日光への出張や御馳走に対するお礼でしょうが、代金は金一分三朱銭二百文（約四万二千円）ですので、それなりのお値段でした。

二十五日には岡野の用人から挨拶があり、伴四郎の衣紋の師匠で上司である叔父平三に漬菜椒三箱、羊羹四両（棹か）、芋二箱が贈られ、伴四郎は金七百疋を頂戴しました。江戸時代には儀礼的に使われる場合、金一分を百疋と表記することがあるので、伴四郎の場合一両三分にあたります。藩からの正式な手当の他にも、衣紋を指導した岡野からもお礼があったのです。ただし、内三百疋は叔父様へお礼として「進上」しています。もちろん叔父様と伴四郎は、岡野へ一緒にお礼に参上していますが、私にはこの儀礼のやりとりがちょっとわずらわしく感じられます。

節句のおもてなし

五月五日

（略）昼後予赤羽根水天宮へ参詣いたし、増上寺境内通り抜、神明前へ出、色々買物いたし、帰りに節句の事ゆえ、赤坂伝馬町にてそはにて酒壱合呑、（略）高井国之助方より呼に参り、ほどなく又予も呼に参り、早速参り候ハヽ、初節句の由にて大に馳走、大客にて八ツ時比まで呑、大醒（酔）にて帰り候事

五月五日は端午の節句、現在では男の子の成長を願い祝う日です。この日は古くから色々な行事が行われていました。特に端午につきものの菖蒲は、尚武に通じることから武家に重要視され、武都江戸では特に重要な節句です。端午の菓子は、京都を中心に西日本が粽ですが、江戸は柏餅です。柏は新葉が出るまで、古い葉は樹に残ることから、家の継承を第一に考える武家にとって縁起の良い食べ物となり、特に武家の多い江戸を中心に広がりました。そのため八王子浅川（八王子市）の上流水無川の河原では、江戸に送られる柏葉の市が毎年四月二十五日から五月朔日まで立ち、大いに賑わいました。

この日伴四郎は、赤羽根水天宮への参詣帰りに「色々買物」しています。藩邸へ帰る途中では節句を理由に、赤坂伝馬町（現港区元赤坂一丁目）の店で蕎麦と酒を一合（二百十一文＝約四千二百円）楽しんでいます。節句に酒や食を楽しむ伴四郎の姿は、

歌川豊国（三代）『浮世年中行事　皐月』（吉田コレクション／画像提供：虎屋文庫）

日記によく登場します（218頁参照）。節句で季節を味わっていたのです。

長屋に帰った伴四郎と叔父様は高井国之助宅に呼ばれて出かけてみれば、初節句のお祝いです。高井の子供か孫の初節句、招かれた客みんなで「大に馳走」と酒を楽しんでいます。伴四郎は八ツ時頃（午後二時頃）まで呑んで帰宅。昼間の宴会ですが「大醒」の伴四郎、酔を醒と書き替えるあたり彼らしい所です。

翌六日は裏節句、三月三日の上巳の節句（雛祭）や端午の節句の翌日を裏節句と言います。伴四郎は「とうじ百文」を買って、二日の酒盛りで残った酒で一人酒を呑んで一休みです。

さて「とうじ」です。日記を読んだだけでは分かりませんが、小遣帳に「泥魚」とあるのでどじょうと思われます。どじょうは伴四郎の好物でよく食べていました(87頁参照)。

ちなみに五日に色々買ったものはどのようなものだったでしょう。同日の小遣帳を見てみましょう。まず状袋は手紙入れでしょうか、薄荷図は薄荷油を固めて丸くした薄荷円と思われます。清涼感があり医薬品としても使われます。小遣帳の五月五日条に目を引く買物があるので抜き書きしてみましょう。

五日
一金壱両壱歩一朱　黒絹福りん
此銭八貫八百三十六文　壱丈六尺
同
一同弐歩弐百弐拾四文　茶更紗自分
此銭合三貫五百八拾八文
同
一弐歩弐百弐拾四文　紅更紗子供
此銭合三貫五百八拾八文

最初の黒絹福りんに金壱両壱分一朱を支払っています。福りんは覆輪のことで毛織物と思ったのですが、絹とあるので不明です。それにしても高い反物です。茶更紗は自分用、紅更紗は子供とあるので、娘の歌への土産と思われます。とすると最初の黒絹福りんは妻への土産でしょうか、自分たちの倍を支払っています。この時の代金合計は、二両一朱と四百四十八文で現在の約二十七万円に相当します。下級武士にとっては大変な金額ですが、勤番の特別手当が可能にした買物と思われます。

はまち料理とやけ呑み

五月二日

（略）朝高浦忠阿弥参り、それより予武蔵屋へ酒言に走り、魚一疋買、壱尺余のはまち色々いたし、それより酒盛に相成、八ツ時比まで呑帰り候（略）

江戸の食に親しむ伴四郎、魚もよく食べています。二回目の勤番の折、五月十一日に昼飯の菜にいさきを買って食べていますが、「当地へ参り、初て生の魚にて飯喰候事、大笑」と記しています。江戸に来てから生の魚で飯を食べるのは初めてだというのです。この初めてというのが、よくわかりません。生きた魚を意味するいわゆる活魚なのでしょうか、あるいは刺身のことなのでしょうか。最初の参勤の道中で食べた鰻を「生魚」と記しています。鰻は刺身で食べることは少ないので、この場合は活魚の事でしょう。しかし、二度目の勤番では三月十一日の出府以来何度か魚を食べていて、刺身と思われる場合も多いので、生魚の意味についてはとりあえず保留としておきます。

さて日記です。二度目の江戸滞在中の日記に登場する人物は、一度目の日記と大きく変わっています。これは主に参勤交代によって国許に戻っていることによると思われ、片野八大夫や森五三郎など変わらず登場する人は江戸定府の人々でしょう。また、一度目の時には同じ長屋に住んでいた大石直助の名が頻出しましたが、今回はその名を見ません。江戸にいないものと思っていたところ、四月二十四日に髪結床で直助に会っているので、彼も江戸に来ていたのです。きっと以前ほど濃密な付き合いではなくなったのでしょう。あるいは伴四郎の衣紋方としての勤務が、片野八大夫宅や岡野邸あるいは日光などで行われていて、御殿に行くことがなくなったので（出殿は一回のみ）、御殿での衣紋稽古で直助と顔を合わせることがないからでしょうか。直助の勤務を含めて今となっては謎です。

高浦忠阿弥は代わってよく日記に登場する人物の一人、名前からして同朋衆や奥坊主の職にあった人でしょう。一緒に浅草などを見物している、いわば遊び仲間です。

この日の朝に忠阿弥が訪ねて来ました。早速伴四郎自身が出入りの武蔵屋に走って酒を申付け、魚を買って帰ります。魚は一尺（約三十三センチ）ほどなので、岡野伊賀守に贈ったはまちより随分と小さめです。このはまちを「色々いたし」とあるので、刺身にしたり焼いたりしたのでしょう。

はまちは大きくなるとぶりになる出世魚です。脂がのって美味しい魚ですが、知り合いの調理人に聞いたところ、現在では市場で見かけることが減って、替わりにかんぱちが増えて来たそうです。伴四郎の日記や小遣帳には、他にかつお、さんまほか色々な魚が登場します。なかにはこのしろもあり、『江戸自慢』でもこのしろを勤番侍のおかずとして奨めています。このしろは「この城」を喰うとして、武士はあまり食べなかったといわれていますが、そうでもなさそうです。

忠阿弥と昼から酒盛りをする伴四郎、彼らは昼からよく酒を呑んでいますが、この辺は現代とは随分と様子が違います。伴四郎は酒を飲み過ぎてたまに叔父様に叱られているように酒好きです。ただし、基本は楽しい酒、その伴四郎がやけ酒を呑んでいることもあるので紹介しましょう。やけ酒の背景には、幕府の第二次長州戦争への伴四郎の出陣もあったようです。

五月二十日

（略）さて昨日より余りムシャクシヤと腹立、色々の事考出し、心細クあいなり候付、糀町にて酒呑、気をぼやかし候ハんといたし候えども、咄し相手もこれなく、御長屋へ帰り候ハヽ、まじめな顔致居、なおさら気のつまり候事

三月十一日に江戸へ入った伴四郎ですが、五月二十八日には和歌山へ向けて出発しています。それは藩主徳川茂承が第二次長州戦争に際して、幕府から征長先鋒総督に任ぜられて出陣することになり、本来「大番」という軍事職である伴四郎も、それに備えるために帰国することになったのです。正式に申し渡されたのは五月二十四日のことですが、日光出張と同様事前に伝えられたものと思われます。

五月二十日には四ツ谷や麴町で買い物をする伴四郎です。ただ気分は滅入っていたようで、昨日からムシャクシャしていて、余計なことを色々と考え、心細くもなっています。はっきり書いてはいませんが、心細くなる原因のひとつに長州出陣があったと私は思っています。島原の乱（一六三七〜三八）以降、大規模な戦闘はなく、いわゆる「太平」に慣れた武士たちです。長州という雄藩を相手の戦争に際して、先鋒総督を自分達の藩主が務める彼らが、自らの前途に不安を感じるのは当然のように思わ

れます。事実、幕府の旗本の中には、長州戦争に際して若隠居する者もいたということです。

そこで麹町で酒を呑むことにしたのです。小遣帳には「四百八拾文　ヤケ呑　そは・酒・肴」とあるので、蕎麦屋でやけ酒を呑んでいます。ただ、気分転換をしようと思っても、一人酒では話し相手もなくつまりません。かといって長屋に帰っても叔父の手前、真面目な顔をしていなければならず、かえって気詰まりな事です。

これはきっと伴四郎の本音で、気の合わない叔父との同居は相当に鬱陶しいもののようです。最初の日記であれだけ叔父への不満を書いていた伴四郎が、足かけ三か月の江戸詰め中の日記には不満が書かれていません。伴四郎の不満がかえって鬱屈しているとみるのはうがちすぎでしょうか。やけ酒を呑んでもかえって気が滅入ってしまうのは筆者にも覚えがあります。

伴四郎は出陣にあたって一度和歌山へ向かいます。最初は船で向かうはずが、二十四日に急に陸路となって中山道経由で帰路につきました。

伴四郎の帰国以降も長州藩をめぐる政局はめまぐるしく変わっていますが、ここでは詳しくは触れません。ただ、慶応元年九月二十一日長州征討が勅許、翌二年正月には長州処分案が決定、藩主茂承は大坂にとどまっていましたが、六月三日海路本陣のある広島へ向かって出港しています。

第二次長州戦争への出陣

慶応二年（一八六六）六月朔日

朝六ツ半時兵庫出立、須磨ノ浦の絶景□より切レ込、須磨寺参詣致、宝物あつ盛の寿像絵□□・青葉かんちくの笛・弁慶制札、そのほか品々一見、あつ盛の塚へ参詣、それより一ノ谷へ出、ひよ鳥越一見、あつもりそば喰、塩屋村通、舞子浜絶景一休ミ、酒呑、明石の城下通り、加古川宿支にて大久保へ八ツ時過宿ル

先に船で出発した藩主を追って、五月二十七日に陸路本陣の広島を目指し和歌山を出発、四日後の日記の記述です。名勝須磨の浦の絶景を楽しみ、須磨寺（福祥寺の別称）へ参詣しています。須磨寺では、一ノ谷の合戦で熊谷直実に討たれた平敦盛由縁の宝物などを拝見して、敦盛の塚を参詣です。それから一ノ谷や義経のひよどり越えの古戦場を見て、名物敦盛蕎麦を賞味しています。敦盛蕎麦はここを訪れた旅人の道中記によく登場する名物、熱湯に通して熱くした盛り蕎麦で、熱い盛りと敦盛をひっ

かけた名前と言われています。そして、舞子浜の絶景を肴に酒を呑んでいます。

とてもこれから戦争に行く人とは思えない旅の様子です。小野田一幸氏はこうした情景を「解説」のなかで、厭戦気分のほかに第一次長州戦争のように、結局は戦闘にはならないという思いもあったことを指摘されています。たしかにそうしたことも考えられます。ただ、こうした見物を可能にした「行軍」のあり方はどのようなものだったのか気になるところです。「解説」によれば同じ和歌山藩の一隊を率いた水野大炊頭の行軍はまさしく「戦時行軍」だったとの事です。この違いはどこから来るのでしょう。

しかし、七日には戦端が開かれています。それは伴四郎が尾道を出発、三原経由で本郷へ向かっていた日のことです。そして九日には伴四郎達も広島の本陣に到着です。

和歌山藩兵も長州軍と奮戦、伴四郎自身も六月二十五日には戦闘に参加しています。この日は朝から大砲の音がするので、身支度の上、陣の外の出てみれば戦闘が始まり、幕府軍艦の援護射撃もありました。そうこうする内に間道から敵が押し寄せて来ます。伴四郎達の一隊は小山へ登って敵と打ち合いになりました。その様子は「誠にはげし」いもので、味方に討死の者も出ています。伴四郎も「予も命これまでと雨の降ことく玉の来る所へ」一向かっています。さいわい仲間の「世話」そして「高（幸）運」

によって、傷も負わずに無事でした。なにかこれまでの伴四郎とは、ちょっと違う感じです。

その後は警戒や「西洋砲稽古」などに励んでおり、七月十四日には広島で藩主に御目見、藩士達の「尽力満足」とお褒めの言葉を頂いています。その帰り、同じく従軍中の河村叔父の宿陣によって「酒肴」に呼ばれています。さすがに江戸参府中の日記にはおよびませんが、従軍中の日記にも「一盃呑」「大に馳走」などの言葉がたまに見え、八月十三日には広島で「夕方遊行」という記述もありますが、遊びの内容は不明です。その後、同二十日に永井丈右衛門の後任の組頭に昇進しています。天神、東照宮に参詣して帰れば、野間という藩士から大鯛二枚を贈られ、酒一升で大いに酔っています。この鯛は組頭への昇進祝いと思われます。

こうした情景がすべての陣中であったとは思えませんが、当時の戦争の一コマと言えます。九月二日には幕府と長州藩との間で停戦協定が結ばれ、伴四郎も四日に商船で出発して九日加太浦へ着船、翌日和歌山に到着しています。

帰藩後の伴四郎は叔父の宇治田家で衣紋稽古と軍事調練を行っていたようです。翌慶応三年四月には伴四郎は奥詰を命じられています。奥とは城中の奥、藩主が日常を過ごす場所のこと、殿様の生活空間での勤務です。

奥詰にあたっての諸費用を記した帳簿が残されています。これは奥詰就任の祝宴に関する費用などの記録で、岡甚という店へ料理代として銀八百四十七匁、「寿し米」一斗一升の代金として銀百二十六匁五分の出費がありました。また、酌人というのは酒のお酌をする人と思われますが、二人ほど雇っています。また、為吉ほか四人へ「日雇賃祝儀共」として金を渡しています。この為吉というのは、最初の勤番の時に小者として江戸に従った者と同じ名前です。また江戸で随分と世話になった陸尺の龍之助の叔母「おるい」と同じ名も見えます。これらの人々は酒井伴四郎家の奉公人や出入りの人達でしょう。ただし、伴四郎に祝儀を届けた人のなかにも「宇治田長屋おるい」「大工為吉」の記述が見られます。宇治田長屋というのは、叔父宇治田平三となんらか関係があるのでしょうか、伴四郎が明治初年に貸家を営んでいたことが島村氏の論文でわかっているので、同様に叔父の長屋だったのかも知れません。

御祝儀として到来したものは、金五百疋（五分）、大坂崩し（蒲鉾）三本。魚は大鯛三、中鯛三十七、小鯛二、大ちぬ鯛一、屋鯛三、大あし三、太刀魚三、大いさき二、いさき二、きす三、こち一、中かれい一、はも一。切手というのは現在の商品券ですが酒切手二枚（二升）、魚切手四枚（四十三匁分）が見られます。伴四郎にとっても周辺の人々にとっても、奥詰になる事がいかに重要なことであったかが、この記録からも伝わってきます。

明治直前の京都へ行く

慶応四年（一八六八）四月十四日

（略）昼後大畑喜八郎誘ひに参り、それより四人連にて聖護院村へ行、東黒谷ならびに真如堂・南禅寺へ参り、丹後屋にて一盃呑、夕方帰る

慶応元年（一八六五・元治二年四月七日改元）から二年にかけての第二次長州戦争の後、政局は変転して、ついに慶応三年一二月九日に王政復古、翌四年一月三日には鳥羽伏見の戦いで幕府軍は敗れます。和歌山藩主徳川茂承は、新政府からの出京の要請を受けて二月十三日に京都堀川寺の内（京都市上京区）の日蓮宗本山本法寺に入っています。この寺は代々和歌山藩主が外護してきた寺です。

こうした状況からでしょうか、伴四郎も京都に出張しています。慶応四年四月二日和歌山を出立して、山中にて昼食を摂って蛸茶屋にて一盃呑んでおり、この辺は相変わらずです。また、蛸茶屋もすっかりおなじみになりました。四日には京都水落町

薩摩二本松藩邸跡（現同志社大学今出川キャンパス）伴四郎の宿所から近い。　筆者撮影

（京都市上京区）の堺屋清兵衛方に到着しています。ここは和歌山藩本陣の置かれた本法寺、和歌山藩の茶道指南を務めた表千家の家元屋敷、文久二年（一八六二）に新設された薩摩藩邸にも近いところです。伴四郎の京都出張は十七日までで、この時も叔父様宇治田平三は京都滞在中でした。

　短い京都滞在ですが、京都観光にいそしむ伴四郎です。京都到着の翌日には、本陣に向かった後、「一統連て」寺町の清閑寺へ行っています。寺町通に清閑寺は確認出来なかったのですが、江戸時代に落語の祖と言われる安楽庵策伝上人が住職を務めた誓願寺のことと思われます。ここは見世物小屋で栄えたところです。誓願寺は元治元年（一八六四）の禁門の変による大火で焼けているので、どのような状況になっていたのでしょう。伴四郎が訪れた時期は、徐々に町が復興される時期にあたっています。ちなみに明治二年（一八六九）に誓願寺の境内の大部分は、上知（収公）されて新京極の繁華街へと変貌をとげていきます（小林丈広ほか『京都の歴史を歩く』岩波新書）。

八日はやはり本陣を昼に出て北野天満宮、平野神社、金閣寺を見物していますが、いずれも元治大火から免れた名所です。翌日は薩摩屋敷で相撲を見物してから祇園社（八坂神社）と知恩院を参詣、これも大火を免れた東山地区にあります。叔父様も比叡山や鞍馬などへ参詣に出かけています。

十四日には、聖護院村に行き、黒谷の浄土宗総本山金戒《こんかい》光明寺、真如堂（真正極楽寺）を参詣、続いて南禅寺を訪れています。南禅寺は盗賊石川五右衛門が「絶景かな」と言ったという山門が有名ですが、この山門は彼の死後に建立されたものです。この寺は湯豆腐でも有名ですが、現在に続く湯豆腐店奥丹は、伴四郎が「一盃呑」んだ丹後屋でしょうか。

京都真如堂。　筆者撮影

和歌山への帰還を命ぜられた十六日、四条通辺りで買い物をして、昼はすき焼きで一盃呑んでいます。すき焼きと言えば、牛肉を薄い鉄鍋で葱や春菊などの野菜とともに醤油、砂糖、酒で調味しながら食べますが、江戸時代には農耕用の鋤を鍋のかわりに鳥や魚を焼いて食べる、はまち鋤焼きというのもありました。ただ肉食の浸透した慶応四年（明治元年）ですので牛肉のすき焼だったかも知れません。

伴四郎が和歌山に帰って約半年後の九月に明治と改元されました。その後も伴四郎は衣紋方として勤務していたことが知りえます。しかし、病没した先妻に変わって後妻を迎えたこと、明治三年に長男鉄蔵が誕生したことなど、この間の事情については、先の島村妙子氏の論文によって知るばかりです。

明治という時代を伴四郎がどのように生きたかは知る由もありません。きっと他の多くの武士たちと同様、俸禄を離れ、一市井の人としての生涯を全うしたことと思われます。ただ、酒井伴四郎の残した記録からは、幕末から明治にかけての等身大の下級武士の生活が浮かびあがってきます。それは二十一世紀の初めを生きる我々にも通じる部分があるように感じられます。歴史的な諸条件は、伴四郎と我々とでは大きく異なりますが、日常生活や宮仕えの機微など相通じる部分も多かったように感じられます。私が伴四郎に魅力を感じるのは、彼が幕末江戸の食をはじめとする諸事情を伝えてくれるだけでなく、彼を通して「自分」を知るからかも知れません。

勤番侍の燃料事情

百万の人口を擁した江戸の燃料、炭や薪はどのように生産され、販売されたのでしょう。房総で作られた薪などは、発達した舟運で江戸の奥川筋船積問屋に運ばれ、市中に供給されていました（吉田伸之『シリーズ日本近世史④都市　江戸に生きる』岩波新書）。また、多摩地方で生産された炭や薪は馬や多摩川の舟運によって江戸に運ばれました。多摩郡国分寺村は炭の産地として『江戸名所図会』でも紹介されています。ここで生産された薪炭は直接旗本屋敷に販売された場合もありました（青木直己「幕末期武蔵野農村における炭薪生産」〔立正大学文学部論叢第八十四号〕）。八王子周辺では畑として開発された場所が炭窯となる事例、良質の炭を焼く窯から、安価ではあるがより多くの炭を焼ける窯へと変換される事例もありました。近年では江戸近郊としての多摩の炭生産が徐々にあきらかになっています（『多摩のあゆみ』第一五二号／特集　多摩の炭焼き）。これらはいかに江戸の薪炭需要が大きかったかの証でしょう。

伴四郎の薪炭事情はどうだったのでしょう。最初の出府の時の小遣帳では薪柴代や炭代記述があり、割合とあるので同宿の三人で割っています。日記では、伴四郎の遊び友達でもあった矢野五郎右衛門が伴四郎の長屋に炭一俵を届け、代金を受け取っていますが、代金は一人百十六文です。彼の役職は御小人《おこびと》で軽輩ですが、炭は役儀に関係しているのでしょうか。また、藩邸内の庭園管理にあたる「御庭方の者」が柴壱束を持って来てもいます。この柴の出所は御庭でしょうか。

二回目の出府の折には、何かと世話になった片野八大夫から薪が届けられる記述があり、小遣帳では片野に「炭薪」代を払っている記述もあります。片野の役職は御納戸頭、納戸方は一般に殿様などの衣服や調度を管理する役です。薪炭は役職とは関係なさそうです。いずれにしても伴四郎の燃料は藩邸内の藩士達によって多く賄われていたのです。

あとがき

本書は二〇〇〇年四月から二〇〇三年三月までNHK出版の『男の食彩』（その後『食彩浪漫』、現在廃刊）に連載した「幕末単身赴任　下級武士の食生活」に大幅な加筆や訂正を行ったものです。遅筆でいつも編集者に迷惑をかける私も、この連載は楽しく筆を進めることが出来ました。それはひとえに酒井伴四郎の日記の面白さゆえだったのです。日記の行間から見えてくる彼の人柄、そして叔父様をはじめとする伴四郎をとりまく人々の描写が魅力的だったことによります。

日記という「史料」は、得てして書いた人の主観が強く入っており、利用には注意がいるものなのですが、本書の場合は伴四郎の主観や思い込みが私たちを引きつけています。

本書の元となった酒井伴四郎の日記は、かつて林英夫氏が「単身赴任下級武士の幕末『江戸日記』として翻刻されており、私も同書を元に執筆いたしました。ただし翻刻されているものは半年分で、他の部分については調査する機会を得ていません。未見の部分には正月の記事も含まれており、伴四郎のお正月をぜひにのぞいて見たい気持ちです。しかし、伴四郎の日記全体を通しての詳細な研究は島村妙子氏によってなされており、参考にさせていただきました（「幕末下級武士の生活の実態――紀州藩一下士の日記を分析して」）。というより、この論文がなければ本書は成り立ちませんでした。あらためてお礼申し上げたいと思います。

酒井伴四郎というひとりの下級武士の生活を通して、幕末の江戸の食生活をのぞいてみよう、というのが連載当初の目的でしたので、必ず食に関することをテーマに選んでいます。新書化するにあたって、伴四郎の仕事や日常生活についても補足させていただきました。それにしても、江戸は人口百万を越える大都市でありながら、そこに住む人々の食生活は、自然と深く関わった豊かなものであったことを実感することが出来ました。

江戸時代は料理文化が著しく発達した時代で、多くの料理書が刊行されています。本書でも当時の料理書を参考にさせていただきましたが、まず松下幸子氏の『図説江戸料理事典』を座右において、何かわからない点があれば確かめさせていただきました。

本書の刊行にあたってはＮＨＫ出版の田原朋子さんのご協力を得ましたが、連載時から多くの編集者の方のご助力をいただきました。末尾ではありますが記して謝意にかえさせて頂きます。

二〇〇五年十一月　　　　　　　　青木直己

文庫版あとがき

「はじめに」でも書きましたが、新書版『幕末単身赴任　下級武士の食日記』（NHK出版）の刊行から十一年を経て文庫版を上梓することが出来ました。私が酒井伴四郎の日記に初めて出会ってから十七年ほどが経ったことになります。私にとって伴四郎日記との出会いは、和菓子だけでなく食全般に眼を向けさせてくれる機会になりました。結果、私の食文化や近世史理解の幅を広げてくれたようにも思われます。まずは日記を残してくれた伴四郎さんに感謝です。

今回の文庫版では、旧版の訂正や加筆にとどまらず、新しい項目を増やしました。また、新史料によって第七章と終章を加えることが出来ました。これは小野田一幸、髙久智弘両氏の『紀州藩士酒井伴四郎関係文書』によって紹介された新史料のおかげです。翻刻と刊行のご努力に対して、お礼を申し上げたいと思います。

この新史料は関西学院大学の藤木喜一郎氏が収集され、一九八三年に神戸市立博物館が購入したもので、同館には他にも藤木氏収集史料が架蔵されているとのこと。こうした経緯を知り、個人が古文書を収集することに関して若干の思いを致すところとなりました。

旧版で使用した伴四郎の『江戸江発足日記帳』も近世史家として著名な林英夫氏が収集した後に、江戸東京博物館の所蔵となっています。個人が収集した古文書は、その人の死後に散逸するか、その後まさに死蔵されることが多いように思われます。そうしたなかで伴四郎の記録史料類が二つの公的な博物館に所蔵され、それぞれ翻刻公開されたことは僥倖と言わざるを得ないと思います。

私も江戸時代の古文書を随分と収集してきました。停年となった今、少しずつ整理して古文書目録を作ったり、収集した史料を使って論文を書いたり、あるいは大学の授業でも利用しています。しかし、いくら目録を作って論文を書いたとしても、私蔵（死蔵）であることに違いがないということに思い至りました。もちろん収集資料を積極的に公開して、コレクターとしての責務を十二分に果たされている方がいらっしゃるのも事実ではありますし、明確な主題をもったコレクターの収集資料の意義には大きいものがあります。それがどのようにして受け継がれていくかが課題となるでしょう。伴四郎の記録史料類は、そうしたことに気づかせてくれました。

ちょっと「食」という本筋とはなれたあとがきになってしまいましたが、文庫版を書きながら折に触れ、感じていたことを書かせていただきました。いずれにしても伴四郎の記録史料群は、食はもとより彼が属した和歌山藩の武家社会、日々暮らした江戸の藩邸社会、幕末江戸社会の一端を、酒井伴四郎という下級武士の眼を通して解く鍵になろうかと思います。今後も多くの人々の利用が望まれるところです。

文庫版の執筆にあたっては画像の掲載などで多くの方々のお世話になりました。また、すべてではありませんが、調理器具や料理の事などについて分からないことがあると、旧知の料理人である松本道朗さんに尋ねさせていただきました。今回の出版は、筑摩書房の高橋淳一さんからお誘いをいただいたものです。旧版には気になっていた所もあるので、良い機会だと思いお引き受けさせていただきました。しかし、停年後は思ったより忙しく、時間に追われることとなり高橋さんにはご迷惑やご心配をおかけしました。伴四郎史料にかかわった方々を含め、皆様方に篤くお礼を申し上げます。

二〇一六年八月十五日　　青木直己

主要参考文献（順不同）

「単身赴任下級武士の幕末『江戸日記』」林英夫校訂（『地図で見る新宿の移り変わり　四谷編』新宿区）
『酒井伴四郎日記——影印と翻刻』東京都江戸東京博物館都市歴史研究室編（東京都）
『紀州藩士酒井伴四郎関係文書』小野田一幸、髙久智広編（清文堂出版）
『守貞謾稿』喜多川守貞著、朝倉治彦編（東京堂出版）
『江戸自慢』（『未刊随筆百種　第八巻』三田村鳶魚編、中央公論社）
『日本料理秘伝集成』平野雅章編（同朋舎出版）
『図説江戸時代食生活事典（新装版）』日本風俗史学会編（雄山閣出版）
『江戸のファーストフード』大久保洋子（講談社選書メチエ）
『図説江戸料理事典』松下幸子（柏書房）
『参勤交代』東京都江戸東京博物館展示図録
『江戸時代館』竹内誠監修（小学館）
『江戸の食生活』原田信男（岩波書店）
『図説和菓子の今昔』青木直己（淡交社）
『和菓子ものがたり』中山圭子（朝日文庫）
「幕末下級武士の生活の実態——紀州藩一下士の日記を分析して」島村妙子（立教大学史学会『史苑』三十二巻二号）
『巨大都市江戸が和食をつくった』渡辺善次郎（農山漁村文化協会）
『都市と農村の間』渡辺善次郎（論創社）
『武蔵国大里郡村岡村小林政秋家所蔵文書目録』（立正大学古文書研究会）

『伝統都市・江戸』吉田伸之（東京大学出版会）
『広重の大江戸名所百景散歩　江戸切絵図で歩く』堀晃明（人文社）
『日本料理事物起源』川上行蔵著、小出昌洋編（岩波書店）
『食生活語彙五種便覧』川上行蔵著、小出昌洋編（岩波書店）
『江戸の料理と食生活』原田信男編著（小学館）
『錦絵が語る江戸の食』松下幸子（遊子館）
『すし 天ぷら 蕎麦 うなぎ　江戸四大名物食の誕生』飯野亮一（ちくま学芸文庫）
『居酒屋の誕生　江戸の呑みだおれ文化』飯野亮一（ちくま学芸文庫）
『ものと人間の文化史 酒』吉田元（法政大学出版局）
『江戸の卵は1個400円！ モノの値段で知る江戸の暮らし』丸田勲（光文社新書）

本書は二〇〇五年十二月、ＮＨＫ新書として刊行されました。
文庫化にあたり大幅な増補と加筆を行っています。

ちくま文庫

幕末《ばくまつ》単身《たんしん》赴任《ふにん》　下級《かきゅう》武士《ぶし》の食日記《しょくにっき》　増補版《ぞうほばん》

二〇一六年九月十日　第一刷発行
二〇二二年四月五日　第十五刷発行

著者　青木直己（あおき・なおみ）
発行者　喜入冬子
発行所　株式会社　筑摩書房
東京都台東区蔵前二―五―三　〒一一一―八七五五
電話番号　〇三―五六八七―二六〇一（代表）
装幀者　安野光雅
印刷所　中央精版印刷株式会社
製本所　中央精版印刷株式会社

ISBN978-4-480-43360-2 C0121